Think Smart

The Art of Wise Action
52 Mistakes
You Had Better Leave to Others
by Rolf Dobelli

間違った思い込みを避けて、
賢く生き抜くための思考法

ロルフ・ドベリ——【著】 安原実津——【訳】

サンマーク出版

はじめに

ミケランジェロに学ぶ「よい人生」を送る秘訣

ローマ教皇がミケランジェロに尋ねた。

「あなたの才能の秘密を教えていただけないでしょうか？　あなたはどのようにしてダビデ像をつくり上げたのですか――この傑作中の傑作を？」

ミケランジェロはこう答えた。

「とても簡単です。ダビデではないものを、すべて排除したのです」


正直なことをいえば、「どうすれば確実に成功をおさめられるのか」など、実際にはわからない。「どうすれば確実に幸せになれるのか」もわからない。でも、何が私たちの成功や幸せを台なしにするのかは、はっきりとわかる。

大切なのは、ごくシンプルなこの事実を認識することだ。「すべきでないこと」は、「すべきこと」より、はるかに影響力があるのだ。

よりクリアな思考をし、より賢く行動するには、ミケランジェロの言葉を思い出そう。**ダビデに意識を集中させるのではなく、ダビデでないものに集中して、それを排除すればいいのである。**

私たちの日常に当てはめていえば、思考や行動の誤りを排除すれば、よりよい思考や行動が自然にできるようになるというわけだ。

ギリシャ人やローマ人や中世の思想家は、この考え方を「否定の道」と名づけた。文字どおり、否定し、あきらめ、省略し、制限するための方法という意味である。

これが最初に提唱されたのは神学の分野だ。「神がなんであるかは言いあらわせないが、何が神でないかははっきりと言える」という「否定法」で神を語ろうとしたのだ。

現代に置きかえれば、「何が成功をもたらすかは言いあらわせない。だが、何が成功を妨げたり、台なしにしたりするかははっきりと言える」ということだ。それだけを知っていれば十分なのである。

「幸福」を手に入れるのではなく「不幸」を避ける

私は、起業家として、さらに経営者として、何度も「思考の罠」に陥ってきた。幸運にも毎回そこから抜け出すことができた。

私はいま、医師、会社役員、監査役会、経営者、銀行家、政治家、政府のメンバーといった人々の前で講演する機会がよくあるが（昨今は、「講演」ではなく「キーノートスピーチ」という呼び方をするようだが）、そのたびに聞き手に親近感を覚える。その人たちを、同じ困難を分かちあう仲間のように感じるからだ。誰もがみな、渦にのみ込まれることなく人生の船を進めようとしている。

理論家たちには「否定の道」という方法論があるが、一方、実務家たちはそれを経験として理解している。

伝説の投資家、ウォーレン・バフェットは、自分自身とビジネスパートナーのチャーリー・マンガーについてこんなふうに書いている。**「私たちは、ビジネスにおける難問の解決法を学んだわけではない。学んだのは、難問は避けたほうがいいということだ」**

まさに「否定の道」そのものだ。

今回のタイトルは『Think Smart　間違った思い込みを避けて、賢く生き抜くための思考法』である。つまり本書では、「ふるまいの誤り」をテーマにしている。拙著『Think clearly』と同じく、五二の思考法を紹介する。

本書の思考法の初出もまた新聞コラムで、ここには、ドイツの『ディー・ツァイト』紙、

『フランクフルター・アルゲマイネ・ツァイトゥング』紙、スイスの『シュヴァイツァー・ゾンタークス・ツァイトゥング』紙に執筆したものをまとめている。

著者として言いたいことはいたってシンプルだ。誰もがみな、思考の重大な誤りを避けられるようになれば、たとえそれが私生活に関することであれ、仕事や政治的な決定におけることであれ、私たちはいまよりずっと豊かになれる。

もっと賢くなければならないわけでも、新しいアイデアを出さなければならないわけでも、ましてやこれまで以上に動きまわらなければならないというわけでもない。ただ、間違いを減らしさえすればいいのだ。「否定の道」を行けば、よりよい結果に結びつく。

本書はそのための「思考の道具箱」である。

ミケランジェロよりさらに以前、アリストテレスもこう言っている。**「賢人が目指すべきは、幸福を手に入れることではなく、不幸を避けることだ」**

あなたがこれから賢人の仲間入りをできるかどうかは、あなた次第なのだ。

ロルフ・ドベリ

Think
Smart

contents

はじめに

1 新年の抱負が達成できないわけ【先延ばし】

2 「理由」がないといらいらしてしまうわけ【カチッサー効果】

1

新年の抱負が達成できないわけ

【先延ばし】

なぜ、大事なことをいつも「後回し」にしてしまうのか？

友人の作家は、人の心の動きを文章にして描き出せる、「言葉の芸術家」といっていいくらいの人物なのだが、一〇〇ページ弱の短い作品を七年に一度しか発表しない。本の行数でいえば、彼の執筆ペースは一日に二行程度だ。筆が遅い理由を尋ねると、彼はこう答えた。

「書くよりも、調べものをしているほうがずっと楽しいんだよ」

実際、彼は何時間もネットサーフィンをしたり、難解な本を読むのに没頭したりしている。まだ描かれたことのない、壮大な物語に出会えるのを期待しながら。

だが、そうして物語の題材としてふさわしい何かを見つけても、意欲が湧かなければ執筆にとりかかっても意味はないと信じている。彼が執筆意欲をかき立てられることは、残念ながらほとんどないのだが。

別の友人は、一〇年前から毎日「禁煙」を決意している。吸う煙草はどれも彼の〝最後の一本〟だ。

そして私はといえば、机の上には半年前から納税申告書が置きっぱなしになっている。ひとりでに記入が終わらないものかと期待しながら。

こうした、**重要だが厄介な行為になかなか取りかかれない傾向のことを、研究者は「行為の先送り」あるいは「先延ばし」と呼んでいる。**

フィットネスセンターに足が向かないのも、安価な保険に切り替えられないのも、すぐにお礼状が書けないのも、すべて「先延ばし」である。それらを実行することを新年の抱負に掲げたところで、この傾向は変わらない。

「先延ばし」は不毛な行為だ。すべきことを先に延ばしたところで、それがひとりでに片づくことなどありえない。それらを実行すれば、自分のためになることがわかっていないわけでもない。

それなのに、私たちはなぜ大事なことをいつも後回しにしてしまうのだろう?

なぜならそれらのことは、**「始めてから成果が出るまでに、時間がかかる」**からだ。そのあいだの時間を切り抜けるには、強い精神力が必要になる。

エネルギーを充電しないと「意志力」は機能しない

心理学者のロイ・バウマイスターは、「精神力を持続させることの難しさ」を巧みな実験で証明している。

バウマイスターは学生たちをふたつのグループに分け、片方のグループの学生たちを、チョコレートクッキーを焼くいい香りがただようオーブンの前に座らせた。

そして、彼らの前にたくさんのラディッシュが入ったボウルを置き、「ラディッシュは好きなだけ食べてかまわないが、クッキーを食べるのは厳禁だ」と言いわたし、三〇分間、学生たちをその場に残した。もうひとつのグループの学生たちは、好きなだけクッキーを食べることが許された。

どちらのグループの学生も、それが終わるとすぐに、難しい数学の問題を解かなくてはならなかった。

すると、**「クッキーを食べることを禁止された学生たち」は、その問題を解くのを、クッキーを好きなだけ食べられた学生たちの半分の時間であきらめた。**

自制心を働かせ、クッキーを食べたい気持ちを我慢したことで精神力を使い果たしてしまったために、問題を解くための意志の力が残されていなかったのだ。

意志力はバッテリーのように機能する。エネルギーを消費しつくしてしまうと、少なくともその後しばらくは、難題をこなせるだけの力はなくなってしまうのである。

失敗しないために「期限」を上手に設定する

「先延ばし」を避けるには、自制心を絶えず維持しつづけることは不可能だという事実を頭に入れておかねばならない。バッテリーを充電するためには、リラックスしたり、横道に逸れたりという合間の時間が必要なのだ。

そして「先延ばし」から逃れるために必要なもうひとつの条件は、横道に逸れたままになるのを防ぐための手を打っておくことだ。

たとえば、「注意が逸れる原因になるものを、あらかじめ排除しておく」のもひとつの方法だ。私は長編小説を書くときには、インターネットの接続を切ることにしている。思うように書けないとき、ついネットサーフィンしたくなるという誘惑にかられてしまうからだ。

しかしなんといっても効果的なのは、「期限」を設定することだ。心理学者のダン・アリエリーは、「先延ばし」をもっとも効果的に防げるのは、外部から「期限（たとえば教師や税務署が決める課題や書類の提出期限など）」が設定されている場合であることを突き止めている。

自分で「期限」を設定する場合は、行うべきことをいくつかのパートに分け、パートごとに期限を設けておかなければ効果はない。明確な中間目標もなしに新年の抱負だけを掲げても、失敗に終わるのは目に見えているのである。

結論。「先延ばし」は不毛だが、人間的ではある。「先延ばし」を防ぐために、あらかじめいくつかの手を打っておこう。

たとえば私の隣人は、こんなふうにして博士論文を三か月で書きあげた。彼女はまず、電話もインターネットもない小さな部屋を借りた。そして論文を三つのパートに分け、それぞれに期限を設けた。

論文の話を聞きたがる人には必ず自分で決めた期限について話し、自分の名刺の裏にまでその期日を印刷した。彼女はそうすることで、個人的な期限を公的なものに変化させたのだ。

その一方で、ランチタイムと夜には、ファッション雑誌をめくったり、たっぷり睡眠をとったりして「バッテリー」を充電したらしい。

2

「理由」がないといらいらしてしまうわけ

【カチッサー効果】

この「ひと言」があるかないかで180度変わる

スイスのバーゼルからドイツのフランクフルトに向かう途中の高速道路は渋滞していた。舗装工事のために車線規制をしているのだ。いらいらした私は、ふだんは対向車線になっている車線を一五分かけてのろのろと進み、ようやく渋滞を抜けた。

ところが、三〇分も走ると、車の流れはまた止まった。またしても舗装工事。だが、不思議なことに、今度はそれほど腹が立たない。道路脇には一定の距離ごとに看板が立っていた。**「ご迷惑をおかけします。道路工事をしています」**

この渋滞で私は、ハーバード大学の心理学者、エレン・ランガーが一九七〇年代に行った実験のことを思い出した。**「カチッサー効果」**と呼ばれる実験である。

彼女は図書館で、コピー機の前に行列ができるのを待った。そして行列ができると、列の一番前に並んでいる人にこう尋ねた。「すみません。五枚だけ先にコピーをとらせてもらえませんか？」

だが、順番をゆずってくれる人はそれほど多くなかった。もう一度同じ実験を行い、今度は理由を添えてみた。「すみません。五枚だけ先にコピーをとらせてもらえませんか？　**急いでいるもので**」

すると、ほとんど全員が順番をゆずってくれた。納得できる結果だ。「急いでいる」というのは正当な理由だからだ。

意外だったのは次の実験結果だ。

彼女は再び、行列ができるのを待ってこう尋ねた。「すみません。五枚だけ先にコピーをとらせてもらえませんか？　**何枚かコピーをとりたいもので**」

すると、まったく理由になっていないにもかかわらず、またもやほぼ全員が順番をゆずってくれた。列に並んでいる人は誰でもコピーをとろうとしているのは当たり前だというのに、だ。

どんな理由でもいい、理由があれば「安心」できる

行動に「理由を添える」だけで、その行動は周りからの理解と譲歩を得やすくなる。驚くべきことに、その理由が意味をなしているかどうかは重要ではない。**「○○なので」というだけで、その行動が正当化されるのだ。**

「ご迷惑をおかけします。道路工事をしています」という看板は何も伝えていない。高速道路で行われている工事といえば道路工事以外にないのだから。窓の外を見れば何が起きているかはすぐわかる。

それでも、**理由が書かれているだけで、私たちの気持ちは落ち着く。逆に理由がないだけで、いらいらさせられる。**

ある日、フランクフルト空港で一向に搭乗手続きが始まらなかった。すると、こういうアナウンスが入った。「ルフトハンザ航空一二三四便は約三時間の遅れとなる見込みです」

私はゲートまでつかつかと行き、航空会社の女性に理由を尋ねた。しかし返答はなし。私はひどく気分を害した。乗客を待たせるだけでなく、理由すら知らせないとは何ごとか！

同じ飛行機の遅延でも、別のときにはこんなアナウンスが入った。「ルフトハンザ航空五六七八便は、運航上の理由により、約三時間遅れる見込みです」
曖昧《あいまい》きわまりない理由だが、私やほかの乗客を落ち着かせるには十分だった。

社員のモチベーションが上がる「経営理念」とは？

人間は「理由」を知りたがる。たとえ根拠のない理由であっても、私たちには理由が必要なのである。

人の上に立つ人間は、そのことをきちんと理解している。「理由」を告げなければ、社員のモチベーションは低下する。

あなたが経営する靴メーカーの存在意義は靴をつくることにある、と言うだけではだめなのだ（靴メーカーはまさにそのために存在しているのだが）。

たとえば、こうした経営理念を掲げなくてはならない。「当社の靴で市場に革命を起こす」（よくあるのは、こんな感じだろうか）、あるいは「女性の足もとを飾ることで、世界を飾る」などというのもいいかもしれない。

株式市場が0・5パーセント上昇しようが下落しようが、評論家はけっして真実を書かない——実際には市場の動きになど無関心でかまわないのだが。

株式市場の変動は、株価が値動きを繰り返した結果、偶然に生じたものにすぎない。それでも、読者には理由が必要なので、評論家はその理由を提供する。そこで何を語るかはまったく重要ではないのである（理由としてよく使われるのは、「中央銀行総裁の発言」だ）。

あなたが納期を守れなかった理由を訊かれたときには、こう答えるのが一番だ。「あいにく、まだそこまで手がまわらなかったもので」

まるで理由になっていないが、多くの場合はそれで受け入れてもらえるだろう。

あるとき私は、妻が洗濯するときに、黒っぽい色の服と青っぽい色の服を入念に分けているのを見た。私に言わせれば意味のない行為で、少なくとも学生時代から現在にいたるまで、いっしょに洗って困ったことは一度もない。

「どうして青いものと黒いものを分けるんだ？」と私は尋ねた。「分けて洗うほうが好きなのよ」私にはその答えで十分だった。

結論。理由は必要である。**「○○なので」**というちょっとした言葉は、人間同士の潤滑剤の役割を果たす。こまめに使おう。

3 比較しすぎると、いい決断ができなくなってしまうわけ

【決断疲れ】

プレゼンの「開始時間」は、心理学的に何時がよいか？

ここ何週間か、あなたはくたくたになるまでプレゼンテーションの資料づくりに励んできた。パワーポイントのスライドは完璧だし、エクセルのセルにもミスはない。説明の論理展開も完璧だ。

このプロジェクトにはあなたの将来がかかっている。CEOからゴーサインが出れば、コンツェルンの経営陣入りの道が開ける。反対に、このプロジェクトが却下されるなら新しい仕事を探したほうがいいくらいだ。

アシスタントは、プレゼンテーションの「開始時間」として、あなたに次の三つを提示してきた。

午前八時、午前一一時、午後六時。あなたはどの時間を選ぶだろうか？

心理学者のロイ・バウマイスターは、テーブルを数百点もの安価な品物で覆いつくした。テニスボール、ろうそく、Tシャツ、チューインガム、コーラの缶……。

それから被験者の学生をふたつのグループに分け、第1のグループを「決定者」、第2のグループを「非決定者」と名づけた。

第1のグループの被験者たちに、バウマイスターはこう言った。「君たちに、無作為に選んだ品物をふたつずつ示していくから、毎回、どちらのほうがいいか決めてほしい。適切に選んだ者には、実験の終わりに、選んだ品物のなかからどれかひとつをプレゼントしよう」

バウマイスターは、第2のグループの被験者にはこう言った。「ひとつひとつの品物について頭に浮かんだことを書きとめてほしい。実験の終わりには、どれかひとつをプレゼントしよう」

その実験が終わるとすぐ、学生たちは全員、氷のように冷たい水に手を入れて、できるだけ長くそのままでいるよう求められた。心理学の分野ではよく知られた、「意志力」、あるいは「自制心」を測る方法である――冷たい水から手を出したいという自然の衝動と闘うには、意志の力が必要だからだ。

その結果、「決定者」が氷のように冷たい水から手を出すタイミングは、「非決定者」よりずっと早かった。**集中して何度も決断を繰り返したために、「決定者」の学生の意志力はすでに消耗してしまっていたのだ。**

同様の結果は、ほかの多くの実験でも確認されている。

ＩＫＥＡのレストランが「順路の真ん中」にある理由

「決断」するのは大変な作業だ。購入するノートパソコンの性能をネットで選んだり、フライトやホテルや旅先ですることを組み合わせて長期旅行を計画したりといった経験のある人ならわかるだろう。

比較し、吟味し、決断をすると、私たちは疲労困憊《こんぱい》してしまう。研究者たちは、そういう状態を**「決断疲れ」**と呼ぶ。

「決断疲れ」は危険だ。消費者は広告に惑わされやすくなったり、衝動買いに陥りやすくなったりする。重要な決定を下す立場にある人は、色っぽい誘惑に惑わされやすくなる。

「先延ばし」についての章で触れたように、意志の力はバッテリーのように機能する。しばらく経つと空になるので、再び充電しなくてはならなくなる。

では、「意志の力を充電する」には、どうすればいいのだろう？　休憩をとったり、リラックスしたり、何かを食べたりするといい。

「血糖値」が下がりすぎると、意志の力は衰える。スウェーデンの家具メーカー、IKEAはそのことをとてもよく知っている。一万点もの商品が置かれた長い店内通路を歩いていると、消費者の「決断疲れ」が強くなる。

IKEAのレストランが順路のちょうど真ん中にあるのもそのためだ。IKEAは手頃な価格でスウェーデン風のケーキを提供し、その後あなたがまた「意志力」を取り戻して、ろうそく立てを選べるようにしているのだ。

「時間帯」によって裁判の判決が変わる

イスラエルの刑務所に拘留中の受刑者四人が、裁判所に仮釈放を申請した。

ケース1（裁判所での審問開始時刻は**八時五〇分**）：アラブ人、詐欺罪で二年五か月の有罪判決。ケース2（審問開始時刻は**一三時二七分**）：ユダヤ人、傷害罪で一年四か月の有罪判決。ケース3（審問開始時刻は**一五時一〇分**）：ユダヤ人、傷害罪で一年四か月の有罪判決。ケース4（審問開始時刻は**一六時三五分**）：アラブ人、詐欺罪で二年五か月の有罪判決。

判事たちはどのような決定を下したのだろうか？

仮釈放の決定に強い影響をおよぼしたのは、犯罪者の宗派や罪の重さよりも、判事たちの「決断疲れ」だった。

ケース1と2の申請者は「仮釈放」が認められた。朝食後と昼食後で、判事たちの血糖値が上がっていたためだ。

その一方で、**3と4の申請者の仮釈放は却下された。**判事たちの意志の力が不十分だったため、仮釈放のリスクをとることができなかったのだ。その結果判事たちは、受刑者は服役をつづけるという「現状維持」の決定を下したというわけである。

数百件の裁判所の判決を対象にしたこんな調査結果がある。

裁判所で出される判決のうち、**〝大胆な〟判決の出る割合は、時間が早いうちは65パーセントだが、時間の経過とともにゼロに近くなり、休憩をはさむと突然また65パーセントに戻る**のだという。

理由は言うまでもないだろう。冒頭で尋ねた、CEOの前でプレゼンテーションすべき時間についても、答えは明らかだろう。

4 「自分は大丈夫」と錯覚してしまうわけ

【注意の錯覚】

「目の前にあるのに気がつかない」ことがよくある

イギリス南部が豪雨に襲われ、ブリストルの近くにあるラッキントンという村の川があふれた。警察は浅瀬を通行止めにし、その川の浅い部分は、通常は車で横切ることができたが、「迂回路を示す看板」を立てた。

通行止めは二週間続いたが、そのあいだ、毎日少なくとも一台は、警告板を通りすぎて急な川の流れに入り込んでしまう車があった。**カーナビに集中するあまり、ドライバーがすぐ目の前にある看板を見過ごしてしまうのだ。**

一九九〇年代に、ハーバード大学の心理学者、クリストファー・チャブリスとダニエル・シモンズは、バスケットボールをパスし合うふたつのチームの学生たちの動画を撮影した。片方のチームの学生には「黒いＴシャツ」を、もう片方のチームの学生には「白いＴシャツ」を着せた。

この短い動画は、「The Monkey Business Illusion」というタイトルで、ＹｏｕＴｕｂｅで見つけることができる。もしあなたがいまインターネットにアクセスできる環境にいるなら、先を読む前にまずこの動画を見てほしい。

この動画を見る人は、「白いＴシャツの学生が何度ボールをパスするか」を数えるよう指示される。

動画の途中で突拍子もないことが起きる。ゴリラの着ぐるみを着た学生が、ボールをパスし合う学生たちの真ん中まで歩いてきて、胸をたたき、またその場から去っていくのだ。

そしてバスケットボールをパスし合う学生の映像が終わると、見ていた人は、映像を見ながら「何かおかしなことに気づかなかったか」と尋ねられる。そう、ゴリラに気づいたかどうかを訊かれるのだ。動画を見る人の半数は、驚いて首を横に振る。**ゴリラ？ ゴリラって何？**

これは、心理学の分野ではもっともよく知られた実験のひとつで、いわゆる**「注意の錯覚」**を実演してみせるためのものである。

私たちは、「自分の視界のなかで起きていることは、ひとつも見逃さない」と思い込んでいる。だが**実際には、「自分が見ようとしているもの以外は、見えなくなっている」**場

合が多い。この実験でいえば、バスケットボールのパスの数だ。その際、予想外のものは、たとえゴリラのように大きくて目立つものでも目に入らなくなってしまう。

運転中の携帯電話の「注意力」を検証する

「注意の錯覚」は、危険な事態を引き起こすことがある。たとえば、車を運転中に携帯電話を使用する場合がそうだ。

いつもどおりに運転しているあいだは問題ない。車線の中央を走ったり、前の車がブレーキをかけるのに合わせて自分もブレーキをかけたりといった、よくある動作にはネガティブな影響は現れない。

しかし通話に注意を向けていると、通常の運転のための手順が妨げられるような予想外の出来事——たとえば子どもが道に飛び出してくるというような——が起きたときに、即座に反応できるだけの注意力は残っていない。

運転中に携帯電話を使用しているときの反応の速度は、飲酒運転をしているときと同じぐらい低下することが研究で明らかになっている。携帯電話を手に持っている場合でもハンズフリー通話をしている場合でも、この状況は変わらない。不測の事態に対応するための注意力は失われてしまうのである。

ひょっとしたらあなたは「the elephant in the room（部屋にいる象）」という英語の表現を聞いたことがあるかもしれない。「誰もが知っているが、誰も触れようとしないテーマ」、つまり「ある種のタブー」を指す言いまわしである。

この逆の意味をあらわす言葉として、重要性も緊急性もきわめて高いにもかかわらず、誰も気づかずにいるテーマをここでは**「部屋にいるゴリラ」**と呼ぶことにしよう。

たとえば二〇〇一年に経営破綻したスイス航空は、事業の拡大に固執するあまり、資金繰りの悪化を見逃した。

冷戦時代の東側諸国における財政悪化は、ベルリンの壁の崩壊を引き起こした。二〇〇七年にアメリカのサブプライムローン問題が顕在化するまで、金融機関のバランスシートが示していた危険には誰も注意を払わず、その一年後には金融システムが崩壊した。

これらはすべて「ゴリラ」だ。私たちの目の前をあちこち歩きまわっていたにもかかわらず、ほとんど誰にも見えていなかったのである。

どんなに「ありえない」ことでも想定したほうがいい理由

ただし、私たちが異例の出来事に一切気づかないというわけではない。それにこの問題最大の難点は、ゴリラを認識できるかどうかという点にあるのではない。もっとも厄介なのは、私たちは「自分たちの身に降りかかった、予想外の出来事にしか気づかない」という点だ。

自分たちが何を見逃しているか、私たちにはわからない。注意力不足を裏づける証拠は何もないのだ。そのため私たちは、**「重要なことはすべて認識できている」という危険な錯覚**に陥ってしまう。

だからこそ「注意の錯覚」が起こらないよう、常に対策を講じておこう。一見不可能に思えることも含め、ありとあらゆる状況を想定しておいたほうがいい。

どんな異例の出来事が起こりえるだろうか？　注目を集めているもののかたわらや背後には、何が潜んでいるだろう？　誰も口にしていないことはなんだろう？　奇妙な静けさが漂っているのはどこだろう？　ありえないと思えることに対しても、心の準備をしよう。

結論。予想外の出来事がどんなに大きく変則的でも、私たちがそれに気づくとは限らない。大きく変則的なだけでは私たちの目に留まらない。気づくには、その出来事を想定しておかなければならないのだ。

5

自分でつくった料理のほうがおいしく感じるわけ

【NIH症候群】

私たちは「自ら考えだしたアイデア」に夢中になる

私の料理の腕はたいしたことはない。妻もそれは知っている。それでも、ときにはなんとか食べられる料理ができあがることもある。

何週間か前、私は舌平目を二枚買った。ありふれたソースではつまらないと思った私は、「新しいソース」のレシピを考え出した。白ワインと、ピューレにしたピスタチオと、はちみつと、おろしたオレンジの皮を混ぜあわせ、そこに少量のバルサミコ酢を加えるというかなり思い切った組み合わせである。

妻は焼いた舌平目を皿の端に寄せ、申し訳なさそうな笑みを浮かべながら、ナイフを使って魚からソースをこそげ落とした。

だが私には、そのソースは悪くないように思えた。私は彼女に、それがどれほど大胆な創作料理かを詳細に説明し、きちんと味わってみるべきだと勧めたのだが、彼女の表情は変わらなかった。

二週間後、我が家の食卓にまた舌平目がのぼった。料理をしたのは妻だ。

彼女は二種類のソースを用意していた。ひとつは彼女の定番のブールマニエソースで、もうひとつは〝フランスの有名シェフの創作〟ソースだった。だがふたつ目のソースはひどい味だった。

食事が終わると妻は、あれはフランスの有名シェフの創作ではなく、二週間前に私が考え出したソースだと打ち明けた。彼女は面白半分に、私が**「NIH症候群」**に陥っているかどうかを試し、私の有罪を証明してみせたのだ。

私たちは、**自分の知らないところでつくられたもの、つまり「ここで発明されていない(Not Invented Here)」ものについては、なんでもネガティブに評価してしまう。**

私たちが「自ら考えだしたアイデア」に夢中になるのは、この「NIH症候群」が原因だ。魚のソースだけでなく、あらゆる分野における解決策や、ビジネスのアイデアや発明に対しても「NIH症候群」は発生する。

「ふたつのグループ」に分けて評価しあうとうまくいく

企業は「外部から提案された解決策」よりも、「社内のアイデア」のほうを重視し、高く評価する傾向がある。客観的に見れば外部からの提案のほうが有効な場合でも、その状況は変わらない。

少し前に、私は保険会社向けのソフトウェアを専門に扱う企業の経営者と昼食をともにする機会があった。彼は私に、「自社のソフトウェアを潜在的な顧客に売り込むのがどれほど難しいか」を語って聞かせた。

客観的に見ると、彼の会社のソフトウェアは、使いやすさという点でも、安全性や機能性においても業界トップなのだが、ほとんどの保険会社は「自社で開発したソフトウェアが最良」だと信じて疑わないのだそうだ。

何人かで集まって問題の解決策を出し合い、それらを自分たちで評価すると、「NIH症候群」はとりわけ強くなる。誰もが自分のアイデアを一番だと感じるからだ。

そういうときには、その場にいる人を「ふたつのグループ」に分けるといい。片方のグループがアイデアを出し、もう片方がそれを評価するのだ。その後、グループの役割を交換してもう一度同じことを繰り返そう。

自分で思いついたビジネスのアイデアは、ほかの人が思いついたアイデアよりもうまくいくように感じられる。

起業する人があとを絶たないのは、「ＮＩＨ症候群」のおかげだ。それと同時に、スタートアップ企業の業績が上がらない原因となっているのも、やはり「ＮＩＨ症候群」だ。

無意識に「自分のアイデアのほうが重要」と思い込む

ダン・アリエリーは著書の『不合理だからうまくいく』（早川書房、二〇一四年）で、「ＮＩＨ症候群」の度合いを測定したときのことについて記している。

『ニューヨーク・タイムズ』のブログで、アリエリーは六つの問題に対する答えを読者から募集した。たとえば「都市における〝水の消費量〟を法で規制することなく抑えるには、どうすればいいでしょう？」といった問題の解決策である。

読者は解決のためのアイデアを出すだけでなく、「自分の答えの実用性と自分以外の答えの実用性」を評価し、さらに「それぞれの解決法のために自分の余暇とお金をどのくらい費やせるか」も伝えなければならなかった。

答えるときに使用する言葉は、あらかじめ選ばれていた「五〇語のみ」に制限されていた。どの読者からも、ある程度同じ回答を得られるようにするためである。

実際、読者からの回答内容はどれもほぼ同じだったが、にもかかわらず**大多数は、「ほかの人の答えよりも自分の答えのほうが、重要度も実用性も高い」**と評価していた。

「NIH症候群」は、社会的なレベルで深刻な影響をおよぼしている。**ただ異なる文化に由来するという理由だけで、賢明なアイデアが取り入れられないことがある**のだ。

スイスの小さな州、アッペンツェル・インナーローデン準州で、最近まで女性に参政権を与えようという決定が自発的になされなかったのは「NIH症候群」の驚くべき例である(一九九〇年に、連邦裁判所が州政府に女性参政権導入を強制する判決を出してようやく実現した)。

コロンブスの〝アメリカ大陸発見〟も同様だ。今日《こんにち》もなお私たちはまだこの表現を使っているが、そのはるか昔からアメリカには人間が住んでいたのだ。

結論。私たちは自らのアイデアに酔いしれてしまいがちだ。冷静さを取り戻すためにも、ときには距離を置いて過去を振り返り、自分の思いつきの質を検討してみるといい。

ここ一〇年のあいだに思いついたアイデアのなかに、本当に傑出していたものがあっただろうか? つまり、そういうことだ。

6 労力をかけたものが、大事に思えるわけ

【努力の正当化】

努力して手に入れたものを「過大評価」してしまう

アメリカ空軍の兵士であるジョンは、たったいまパラシュート訓練を終えたところだ。整列し、誰もが憧れる「パラシュート降下記章」を授与されるのを待っている。ついに上官が前に立つ。上官はピン付きの記章をジョンの胸に当てて、それをこぶしで強く打ちつける。記章のピンは、ジョンの肌に深く突きささった。

それ以来ジョンは、ことあるごとにシャツの一番上のボタンを開けて、そのときにできた小さな傷を見せている。記章は額に入れられ、数十年のときがたったいまでも彼の居間に飾られている。

マークは、錆《さ》びついたハーレーダビッドソンを自力で修復している。ハーレーは熱狂的愛好者の多い人気のオートバイだ。このバイクをなんとか走れる状態にしようと、週末や

仕事が休みの日はすべてその修復に費やしていたため、彼の結婚生活は崩壊寸前だ。さんざん苦労したすえに、彼のお宝はようやく完成し、日の光を受けて輝いている。

二年後、マークはどうしてもお金が必要になった。ハーレーを売ろうとしたが、マークの希望価格は現実からはるかにかけはなれている。購入希望者が市場価格の倍の値をつけても、マークは売ろうとしない。

ジョンもマークも、**努力して手に入れたものの価値を過大評価する「努力の正当化」の犠牲になっている**のだ。

ジョンはパラシュート降下記章のために痛い思いをしなければならなかったので、自分が受けたほかのどんな賞よりもそれを高く評価し、マークはハーレーの修復に多くの時間をつぎ込んだだけでなく結婚生活まで犠牲にしかけたために、売却が不可能なほどにその価値を高く見積もりすぎている。

「努力の正当化」はいわゆる「認知的不協和」の特殊な例である。認知的不協和とは、自分のなかで矛盾するふたつの事実を抱えたときに、人が感じる「不快感」のことだ。

なんの変哲もない記章のために胸を傷つけるなど、割に合わないことだ。ジョンの**脳はこのバランスの悪さを調整するために、記章の価値を過大評価して、ありきたりのものを神聖なものでもあるかのように仕立てあげたのだ。**

この一連の過程はすべて無意識に行われるため、「努力の正当化」を阻止するのはほとんど不可能だ。

「時間」と「労力」を費やしたときほど注意する

「努力の正当化」をメンバーの団結を強めるために利用する集団もある。仲間に加わるときに行われる「加入儀礼」がそれに当たる。

若者の遊び仲間のグループやドイツ語圏にある大学の学友会は、「不快感をもよおすような儀式や暴力的な儀式を通過した者」だけをメンバーとして迎え入れる。**「加入試験」が厳しければ厳しいほど、そのあとに感じる誇りも大きい**ことは、研究によって証明されている。

同様のことはMBAの学校でも起きる。MBA取得のために、学生たちは休みなしに、ときには疲労困憊《こんぱい》するまで学ばなくてはならない。

その結果、こなした課題が有益なものであろうとばかげていようと、MBAを取得した学生は、それが自分のキャリアに不可欠な資格だとみなすようになる。その取得のために多大な労力をつぎ込んだからだ。

「ＩＫＥＡ効果」と呼ばれる、軽度の「努力の正当化」もある。**自分で組み立てたＩＫＥＡの家具は、高価なデザイナーズ家具より価値があるように感じられる**ことがある。自分で編んだソックスも同じ。量販店で買ったソックスのように簡単には捨てられない。伸びきっていて、デザインもとっくに流行遅れになってしまっていても。

経営者は、立案に数週間かけた事業戦略に対して無批判になる。デザイナーも、コピーライターも、製品開発者も、苦労して生み出した作品は、客観的には見られなくなる。

一九五〇年代に、「インスタントのケーキミックス」が市場に登場した。メーカーは、大ヒット商品間違いなしだと考えた。ところが主婦には不評だった。ケーキづくりが簡単になりすぎたからだ。

つくり方を意図的に少し複雑にして、卵を入れてかき混ぜなければならないとパッケージに表示されるようになってようやく、主婦は自尊心が保てるようになり、インスタント食品に対する評価も上がった。

結論。「努力の正当化」について知っていれば、意識して客観性を呼び起こすことができる。

何かに「時間」と「労力」を費やしたときには、必ずその「結果」を見るようにしよう。距離を置いて、「結果」だけを見る。

五年もかけて書き上げた小説なのに、出版社は見向きもしない。その小説はひょっとしたら、ノーベル賞に値しないのではないだろうか？　ＭＢＡは取得しなければならないものだと思っていたが、あなたは本当にＭＢＡの取得を人に勧められるだろうか？　あなたが何年も前から口説いている女性は、あなたに好意を寄せてくれている別の人よりも、本当にすてきな女性だろうか？

7

第一印象が当てにならないわけ

【初頭効果と親近効果】

なぜ、その男性に「好感」を持ったのか？

あなたにふたりの男性を紹介しよう。アランとベンだ。あまり長く考えずに、「ふたりのうちのどちらに好感が持てるか」を答えてほしい。

アランは知的で、勤勉で、衝動的で、批判的で、頑固で、嫉妬深い。一方のベンは、嫉妬深くて、頑固で、批判的で、衝動的で、勤勉で知的だ。いっしょにエレベーターに閉じ込められるなら、あなたはどちらのほうがいいだろう？

あなたがたいていの人と同じように感じたとしたら、あなたが好感を覚えたのはアランのほうだろう。

ふたりの性格描写は、実はまったく同じなのだが。**脳は「うしろのほうに並んだ形容詞」よりも、「はじめのほうに並んだ形容詞」に重きを置く**ため、あなたには、性格の異なるふたりの人間がいるように感じられるからだ。アランは知的で勤勉、ベンは嫉妬深くて頑固というように。初めのほうの性格の特徴が、そのあとにつづく特徴を薄めてしまうのである。

この現象は、**「初頭効果」**と呼ばれている。

「初頭効果」がなければ、企業の本社は豪華で非生産的なエントランスロビーを誇らしげに見せる必要はない。そしてあなたの弁護士が型崩れしたスニーカーを履いて現れようが、ぴかぴかに磨きあげられたブランドもののオックスフォードシューズを履いてこようが、問題にならないはずなのだ。

「初頭効果」は行動におけるミスを引き起こす。心理学者のダニエル・カーネマンは最新の著書で、教授になって間もないころ、どうやって「テストの採点」を行っていたかを記している。

カーネマンはほとんどの教師がするように、学生1、学生2、と順番に答案を見ていたそうだ。だがそうすると、**最初のほうの問題に完璧な答えを書いていて好印象を持った学生に対しては、その後の答えの評価が甘くなることに気づいた。**

そこでカーネマンは方法を変えることにした。いままでは、まず最初の問題に対する学生全員の答えを評価し、次に学生全員の二問目の答えを評価し……という採点の仕方をしているという。

こうして、カーネマンは「初頭効果」の影響を排除したのだ。

会議では「最初の意見」がその後を左右する

しかし、このカーネマンの方法は、残念ながらどんな場合にも適用できるわけではない。社員を募集するときは、第一印象がもっともよかった応募者を選んでしまう危険性があるとはいえ、応募者全員を一列に並ばせ、同じ質問に順番に答えてもらうわけにはいかないだろう。

あなたがある企業の監査役会に出席していて、あなたがまだ考えを固めていないことについて議題に取り上げられたとしよう。その場合、あなたが耳にした「最初の意見」があなたの考えを左右する。

同じことは、もちろんほかの出席者にも当てはまる。この事実をうまく利用しよう。**意見があるときは、ためらわずに最初に口を開くといい。**そうすればあなたは同僚に大きな影響を与え、彼らを自分の側に引き込むことができる。

そして**あなたが議長を務めているときには、特に順番を決めずに意見を聞こう。**そうでなければ、毎回最初に意見を述べる人に必要以上の影響力を与えてしまうことになる。

ただし、ものごとに影響をおよぼすのは「初頭効果」だけではない。逆方向に作用する**「親近効果」**と呼ばれるものもある。**あとから入って来た情報のほうが記憶に残りやすいという現象**で、脳の短期記憶の容量がきわめて小さいことから起きる。新しいものが入ってくると、古いものは外に追いだされてしまうのだ。

「最初の印象だけ」で判断するのはやめよう

ところで、「初頭効果」が優勢になるのはどんなときで、「親近効果」が優勢になるのはどんなときなのだろう？

すぐになんらかの対処をしなくてはならないときは「初頭効果」のほうが強くなる。アランとベンの例では、性格描写を聞いたあと、すぐにどちらに好感が持てるかを判断しなければならなかったために「初頭効果」が起きた。

一方、時間が経つと「親近効果」のほうが強くなる。何週間か前に聞いたスピーチを思い返してみよう。特に記憶に残っているのは、結論や話のオチの部分ではないだろうか。

結論。**何においても、途中で受ける印象にはあまり影響力がない。**スピーチでも、セールストークでも、書籍でも、事情は同じだ。

最初の印象だけでものごとを判断するのはやめよう。良きにつけ悪しきにつけ、その印象は間違っている。人を見るときには、先入観にとらわれずにその人のあらゆる面を評価するよう心がけよう。簡単なことではないが、それが可能な状況は必ずある。たとえば採用面接をするとき、私は五分おきに点数を書きとめ、あとになってからその人の平均点を算出するようにしている。面接の「途中で」受けた印象も、最初と最後の印象同様に考慮に入れるための工夫である。

8 ボーナスがモチベーションを低下させるわけ

【モチベーションのクラウディング・アウト】

「お金で解決」しようとすると、逆効果になる

数か月前、友人がフランクフルトからチューリヒに引っ越した。私は車でフランクフルトに行くことが多いため、彼の持ち物のうち慎重に扱わなければならないもの（代々伝わる吹きガラスのグラスとかアンティーク本など）をチューリヒまで運ぼうと申し出た。友人がそれらにどれほど愛着を持っているかを知っていたからだ。

私はそれらをチューリヒまで運んだ。二週間後、彼から感謝の手紙を受けとった。**そこには五〇フラン札（約五〇〇〇円）が添えられていた。**

スイスでは、ずいぶん前から「核廃棄物の最終処分場」を建設するエリアの選定が行われている。さまざまな場所が地下深部につくる処分場の候補地に挙がったが、そのなかの

ひとつに、中央スイスのヴォルフェンシーセンがあった。

チューリヒ大学の経済学者であるブルーノ・フライと共同研究者たちは、タウンミーティング（スイスでは自治体が自治権を持ち、市町村が適用する法律は有権者が参加するタウンミーティングで決定される）の参加者に、「処分場建設」に賛成するかどうかを尋ねた。すると、**参加者の50・8パーセントがイエスと答えた。**

理由については、国家の威信を保つため、公正さの観点から、社会的な義務を果たすため、雇用を生み出せるためといったさまざまな回答があった。

その後、研究者たちはもう一度同じ質問をした。今度は、「住民ひとりにつき五〇〇〇フラン（約五〇万円）の補償金を出す」という条件をつけた（あくまでも仮定の話だ）。補償金の財源は、スイスじゅうの納税者がおさめた税金である。

結果はどうなっただろうか？　**賛成と答えた人の割合は、半分に減少した。**最終処分場の建設を受け入れると答えた人は、わずか24・6パーセントにとどまったのだ。

もうひとつ、こんな例もある。世界じゅうの保育園が悩まされている問題がある。預かり時間が過ぎたあとに子どもを迎えに来る親がいるのだ。園長は親が来るまで待つしかない。子どもをタクシーに乗せて帰すわけにはいかないからだ。

そこで多くの保育園では、子どもの迎えが遅れた親には「罰金」を科す制度が導入された。しかし調査の結果、**遅刻してくる親の数は、「罰金制度」によって減るどころか逆に増えたとわかった。**

この三つの出来事には共通点がある。**「お金がモチベーションにつながっていない」**という点だ。それどころか、逆の作用をもたらしている。

私の友人は、私に五〇フラン送りつけたことで私の好意の価値を下げ、私たちの友情をおとしめた。

保育園の罰金は、親と保育園との関係を、人間同士のかかわりから金銭を介したつながりに変化させた。遅刻が正当な行為になったのだ。親はそのためにお金を払っているのだから。

そして核廃棄物の最終処分場建設に対する補償金のオファーは、買収のように受けとられた。あるいは、公共心や公益に資する気持ちを減少させる要因になった。

研究者たちはこの現象を**「モチベーションのクラウディング・アウト（駆逐）」**と呼んでいる。

金銭的な理由で行っているわけではないことに金銭を介在させると、進んでものごとを行おうとする意欲を減退させてしまう。「金銭的なモチベーション」を持つと、その人の「非金銭的なモチベーション」は駆逐されてしまうのである。

ボーナスで「やる気が上がる人」と「下がる人」の違い

たとえば、あなたが「非営利企業」を運営しているとしよう。

あなたが支払っている給与の額は当然ながら「平均以下」だ。それでも、社員たちはとても意欲的に働いている。自分たちの仕事に使命感を持っているからだ。

そこに、もしあなたが「ボーナス制度」を導入したとする。たとえば、寄付金を獲得するごとに給与を4パーセント割り増しするというような。すると、「モチベーションのクラウディング・アウト」が起こる。「金銭的なモチベーション」は「非金銭的なモチベーション」を排除してしまうのだ。

社員たちは、ボーナスに直結しないものについてはまったく気にかけなくなるだろう。独創性も、会社の評判も、新しい社員にノウハウを伝えることも、それらすべてがどうでもよくなってしまうのだ。

ただし、あなたが経営している企業が、社員が自分の関心や意欲から進んで仕事をこなしているのでなければ、なんの問題もない。

あなたは、「熱意だけ」で仕事をしている投資コンサルタントや保険の勧誘員や公認会計士を、ひとりでも知っているだろうか？　自分の仕事に使命感だけを持っている人を知っているだろうか？　私はひとりも知らない。だからこれらの分野では「ボーナス」が効力を持つ。

逆に、あなたが新規事業を立ち上げて、社員を探しているところだとしたら、多額のボーナスをちらつかせるよりも、あなたの会社の仕事に意味を持たせたほうがいい。

もしあなたに子どもがいるなら、もうひとつ助言しておきたいことがある。

経験からいうと、子どもはお金では意のままに動かせない。子どもに学校の宿題をさせたり、楽器の練習をさせたり、芝刈りをさせたりしたいときは、**「お金で釣る」のはやめよう。それより「毎週決まった額のおこづかいを渡す」ほうがいい。**

そうでなければ、子どもはそのうち夜ベッドに入るのを嫌がるようになるだろう。あなたがそれに対してお金を支払わないかぎり。

9

「ありえないこと」を想像したほうがいいわけ

【ブラック・スワン】

誰にも予想できないことが起こるのが人生

「白鳥はみな白い」――数百年ものあいだ、ヨーロッパでは誰もがそう信じていた。白い白鳥を見かけるたびに、人々はそれが真実であるという確信をますます強めた。別の色の白鳥が存在するなど、想像もできなかった。一六九七年にオランダ人のウィレム・ド・ヴラミンが、オーストラリア探検中に初めて「黒い白鳥」を目にするまでは。

それ以来**「ブラック・スワン」**は、〝**ありそうにないこと**〟**をあらわすシンボル**になった。

あなたは株式市場に資金を投資する。ダウジョーンズは年がら年じゅう、ほんの少し上がったり下がったりを繰り返している。あなたはだんだんとこの株価のわずかな上下に慣れてくる。

ところが、ある日突然、一九八七年一〇月一九日に起きた世界的な株価の大暴落のように、株式市場は22パーセントも下落する。それも、なんの前触れもなく。

これがナシーム・タレブのいう「ブラック・スワン」だ。元トレーダーのタレブが同名の著書を執筆して以来、この概念は投資家のあいだでよく知られるようになった。

「ブラック・スワン」とは、あなたの人生（資金状況や健康状態や事業など）にとてつもなく大きな影響をおよぼす、予想外の突発的な出来事のことである。ポジティブな「ブラック・スワン」もあれば、ネガティブな「ブラック・スワン」もある。

落ちてきた隕石に当たって命を落とすのも、サッター（一九世紀のアメリカの開拓者）がカリフォルニアで金《きん》を発見したのも（彼の所有地で金が見つかったことがきっかけでゴールド・ラッシュが起こった）、ソ連の崩壊も、トランジスターの発明も、エジプトのムバラク大統領が失脚したのも、あなたの人生を一変させた誰かとの出会いも、すべて、「ブラック・スワン」だ。

イラク戦争を主導したブッシュ政権下で国防長官を務めたドナルド・ラムズフェルドの評判はあまりかんばしいとはいえないが、それでも、二〇〇二年の記者会見でラムズフェルドは、彼以前には誰もなしえなかったほどの明晰さで、こんな哲学的な考察をしている。

ものごとには、「私たちが知っていること（知られている事実）」「私たちが知らないこ

と（知られていないと知られていること）」「そして私たちが知らないと知らないこと（知らないと知られていないこと）」の三つがあるのだ、と。

宇宙はどのくらい広いのだろう？　イランは核兵器を保有しているのだろうか？　インターネットは私たちを賢くするのだろうか、それとも愚かにするのだろうか？

それらはすべて「知られていないと知られていること」である。十分に労力を費やせば、いつかはこれらの問いに答えが出せる日が来るかもしれない。だが「知らないと知られていないこと」の場合はそうではない。

こんなにも多くの人がフェイスブックに熱狂するなど、一〇年前には誰にも予想できなかった。つまりこの出来事は、「知らないと知られていないこと」だったのだ。別の言い方をすれば、「ブラック・スワン」である。

ポジティブな「ブラック・スワン」にうまく乗ろう

私たちはなぜ「ブラック・スワン」を意識していなければならないのだろう？　なぜなら、矛盾しているように聞こえるかもしれないが、異例の出来事であるはずの「ブラック・スワン」が出現する回数が増えているからだ。

私たちはこれからも未来の計画を立てつづけるだろう。だが、「ブラック・スワン」にその計画を台なしにされる頻度が増えていくのだ。

人間は、変則的な出来事が起きると対応を誤ることが多い。なぜなら、私たちの思考器官である脳は、狩猟採集社会の生活に合わせてつくられているからだ。

石器時代には「異例」といえるほどの出来事はほとんど起こらなかった。あなたが狩った雌ジカは、平均的なシカよりも足が速かったり遅かったり、少し太っていたりやせていたりしたかもしれない。だが、その度合いは平均値から大きくはずれることはなかった。

いまや、事情は異なる。あなたの人生に変化が訪れ、突然、平均収入の一〇倍もの大金を稼げるようになることもある。

グーグルの共同創業者のラリー・ページや、テニス選手のロジャー・フェデラーや、投資家のジョージ・ソロスや、『ハリー・ポッター』の作者のJ・K・ローリングや、U2のボノに、彼らの人生に起きた変化について訊いてみるといい。

彼らのようなタイプの超富裕層は、かつては存在しなかった。これほど大きな振り幅は知られていなかったのだ。

人類の歴史においてこうしたことが起きるようになったのは、ごく最近のこと。そのため、私たちは、極端なシナリオへの対応に苦労している。

どんな出来事でも、起きる確率がゼロを下まわることはなく、そのうえ私たちの思考は現代社会に適応していない。となれば、どんなにありえないと思えることも、起こる可能性があると考えておいたほうがいい。

結論。**ポジティブな「ブラック・スワン」**にうまく乗ることができる状況に身を置くようにしよう（そういうブラック・スワンの可能性が高いとはいえないが）。

量産できる作品をつくるアーティストや、量産できる製品の発明者や、量産できる製品を扱う企業家になるといい。だが、あなたが労働に費やす時間をお金に換えている場合は（たとえば会社員や歯医者やジャーナリストなど）、「ブラック・スワン」を待っても無駄だ。

たとえ「ブラック・スワン」に興味があるという人でも、ネガティブな「ブラック・スワン」の生息区域からは距離を置いたほうがいい。借金をせず、蓄えを投資するときには保守的になり、成功をおさめたとしても、贅沢《ぜいたく》は慎むようにしよう。

10

現状維持を選んでしまうわけ

【デフォルト効果】

どうして、つい「ハウスワイン」を注文してしまうのか？

私は必死にワインリストに目を走らせた。イルレギー？　ハールシュレヴェリュ？　スマニエッロ？　私はワイン通でもなんでもないが、この品ぞろえを見れば、ここのソムリエが自分の広範な知識を証明しようとしているのは明らかだった。最後のページに、私はようやく救いを見つけた。「ハウスワイン：レゼルブ・ドゥ・パトロン、ブルゴーニュ　五二ユーロ」。私はすぐにそれを注文した。ハウスワインならまず失敗はないだろうと思ったからだ。

一年前から、私はｉＰｈｏｎｅを使うようになった。考えられるかぎりのあらゆることが自分好みに設定できる。呼び出し音から待ち受け画面、ブラウザのズーム機能や音量、カメラのシャッター音にいたるまで。

そのうち、私がこれまでに自分用にカスタマイズした設定がどのくらいあるかというと、あなたはうすうす気づいているだろうが、ただのひとつもない。

私はけっしてテクノロジーに疎いほうではない。ただ、ほとんどの人と同じように、いわゆる**「デフォルト効果」**の犠牲になってしまっているのだ。

標準設定（デフォルト）は、思わず倒れ込んでしまいたくなるような柔らかな枕のように、抗いがたく心地よい。私がハウスワインを選んだり、ｉＰｈｏｎｅの設定を変えたりしていないのと同様に、たいていの人は標準的な選択にとどまるもの。

たとえば新車が発売されたときの宣伝広告には、いつも決まった「標準色」の車が使われることが多いが（カタログも、動画も、雑誌の広告も、すべて同じチャコールグレーの車というように）、そうすると、車の購入時には大半の人がその標準色を選ぶという。

ほとんどの人は「標準案」を選んでしまう

経済学者のリチャード・セイラーと法学者のキャス・サンスティーンは、著書の『実践行動経済学』（日経ＢＰ社、二〇〇九年）で、憲法で保障された自由を制限することなく、行政が市民を「操作」できる方法について記している。

「選択肢」をいくつか掲げるのと同時に、市民がどれを選択するか決めかねた場合の「標準案」を設定しておくのだ。

アメリカのニュージャージー州とペンシルベニア州では、「新しい自動車保険の規定」が導入されることになった際に、この方法が採用された。

ドライバーは「通常の自動車保険」以外に、「事故が起きた際に訴訟を起こす権利が制限された低価格の保険」を選ぶという選択肢が持てるようになったのだが、ニュージャージー州ではこの低価格の保険が〝標準案〟として設定された。すると、ほとんどの住民は低価格の保険契約を選択した。

一方、「権利制限のない価格の高い保険」を〝標準〟に設定したペンシルベニア州では、予想どおり、高いほうの保険契約に人気が集まった。

驚くべき結果である。これらふたつの州のドライバーに、そう違いがあるはずはないのだが。

研究者のエリック・ジョンソンとダン・ゴールドスタインは、こんな調査を実施した。

①〝臓器提供しない〟をデフォルトとして「死後に臓器提供をしたいと思っていますか？」と人々に質問したときの答えを、②〝臓器提供する〟をデフォルトとして「死後に臓器提供をしたくないと思っていますか？」と質問したときの答えと比較した。

その結果、標準設定を〝臓器提供する〟に変えただけだというのに、①の質問では40パーセントだった臓器提供者の割合が、②の質問では80パーセント強に上昇した。

「失う悲しみ」は「得る喜び」の二倍強く感じる

「デフォルト効果」はデフォルトが設定されていないときにも作用する。その場合、私たちは「自分の過去」を個人的なデフォルトに設定し、「現在の状態」を神聖なものと決めつける。

人間は、なじみのあるものが好きなのだ。新しいものを試すか、これまでどおりの状態を維持するかの選択をせまられると、**きわめて保守的になる**――新しいものを試すほうがプラスになる場合でも、この状況は変わらない。

私が利用する銀行は、口座明細を送付する手数料を年間六〇フランに引き上げた。だがネットで照会すれば、この手数料は節約できる。このサービスが有料であることを(それから大量の紙が消費されていることも)、もう何年も前から腹だたしく思っているというのに、私はいまだにこのサービスを解約できずにいる。

変化よりも現状維持をよしとする、こうした**「現状維持バイアス」**はなぜ生じるのだろう?

私たちが「現状維持」を好むのは、ただ単にそのほうが楽だからという理由だけでなく、私たちが持つ「損失回避」傾向のせいもある。**得をすることよりも、損失をこうむることを避けようとする心理が働くのだ。**

「何かを失うときの悲しみ」は、「何かを得るときの喜び」の二倍強く感じられる。そのため、いまある契約などについて――それが個人的なものであれ、国家間の契約であれ――再度交渉をするのは難しい。

自分側の譲歩はどれも損失に感じ、逆に相手側の譲歩は利益に思える。だが**「損失に対する感情」は「利益に対する感情」の二倍強い**ため、再交渉がすべて損失のように感じられてしまうのである。

「デフォルト効果」も、その特殊な例である「現状維持バイアス」も、既知のものや、いまあるものに執着してしまうという点では共通している。それが常にプラスの結果をもたらすとは限らないのだが。

「このワイン、もう少しグラスに入れておいたら飲みごろになるかな」

レゼルブ・ドゥ・パトロンを飲んだ私の連れはそう言った。私は思った。どう見ても、おいしいワインを楽しんでいるときの顔じゃないな、と。

11

ほかの人も自分と同じ考えでいるように思えるわけ

【偽の合意効果】

私たちは「自分の意見が多数派」と思い込んでいる

「『一九六〇年代の音楽と八〇年代の音楽では、どちらが好きですか？』という質問をすると、どちらを選ぶ人のほうが多いと思いますか？」

そう訊くと、たいていの人は「自分」を基準にして推測する。あなたが六〇年代の音楽が好きなら、ほかの人も六〇年代の音楽が好きだろうと考える。同様に、八〇年代の音楽が好きな人は自分たちが多数派だろうと考える。

私たちは、ほかの人たちと自分の意見の一致具合を過大評価する傾向にある。**ほかの人たちも自分と同じように考え、同じように感じているのだろうと、ついそう思い込んでしまう。**この思考の誤りは、「**偽《ぎ》の合意効果**」と呼ばれている。

この心理傾向は、スタンフォード大学の心理学者リー・ロスによって、一九七七年に見出された。

ロスは「ジョーのレストランで食事をしよう」という宣伝文句の書かれた看板をつくり、無作為に選んだ学生たちに、「サンドイッチマンのようにこの看板を身につけてキャンパスを三〇分歩いてほしい」と頼んだ。同時に、「どれくらいの学生がこの頼みを承諾すると思うか」とも尋ねた。

すると、サンドイッチマンの格好をすることを承諾した学生は、学生たちの大半（62パーセント）が自分と同じように承諾の返事をするだろうと答えた。それに対して頼みを丁重に断った学生は、自分と同じように、学生たちの大半（67パーセント）がサンドイッチマンの格好をするのはばかばかしいと考えるだろうと答えた。

頼みを承諾した学生も断った学生も、**「自分の意見が多数派」だと思い込んだ**のだ。

自分の成功を「過大評価」してしまうのは無自覚

小さな政党や利益団体は、自分たちが掲げる目的の重要性を過大評価しがちだが、これも、「偽の合意効果」によるもの。あるいは、地球温暖化はどれほど深刻かといった問題について考えてみても、「偽の合意効果」は明らかだろう。

この問題に対するあなたの見解がどうであれ、あなたはおそらく**「大多数の人は自分と同じ考えでいる」と思っているの**ではないだろうか。

政治家が自分の当選を確信するのも、ただの楽観主義からではない。彼らは自分でも気づかないうちに、自分が当選する確率を過大評価しているのだ。そして有権者であるあなたのほうでは、自分の支持政党が勝利する確率を何パーセントか過大評価している。

けれども政治家よりもっと痛ましいのは芸術家かもしれない。彼らの99パーセントは、自分が思い描いているほどの大きな成功は手にできない。

かくいう私も、『Massimo Marini（マッシモ・マリーニ）』という小説を書いたときには、この本はすばらしい成功をおさめるだろうと信じていた。少なくとも、それ以前の小説と同じくらいは出来がいいと思っていた——本の売れゆきはまずまずだった。

ただ、読者の見解は私とは違っていた。私は思い違いをしていたのだ。「偽の合意効果」に陥っていたのである。

もちろん、ビジネスの世界もこうした誤った推測と無関係ではない。たとえ、開発チームが自分たちの製品に自信を持っていても、消費者に受け入れられるとは限らない。

技術者の発言権が強い企業は、特に推測を誤る傾向が強い。技術者は自分たちが考え出した技巧に夢中になり、消費者も同じように関心を持つに違いないと思い込むからだ。

意見が異なる人たちを「変わり者」と決めつけない

「偽の合意効果」の興味深い点はまだある。多くの人が自分と同じ考えだと思い込んでいるせいで、**自分と意見を異にする人たちを簡単に「変わり者」だと決めつけてしまう**のだ。

これもまた、先ほどのリー・ロスの実験で裏づけられている。サンドイッチマンの格好をすることを承諾した学生は、拒否した学生のことを「ユーモアを解さない頭でっかち」と評し、拒否した学生は承諾した学生のことを「まぬけ」とか「常に自分が中心でないと気がすまない奴だ」と評した。

私たちの脳は、真実を認識するようにではなく、できるだけ多くの子孫を残せるようにつくられている。「偽の合意効果」のおかげで大胆で確信に満ちた態度をとった人は、まわりによい印象を与え、多くの人の心をとらえて、自分の遺伝子を後世に残す確率を上げることができた。疑り深い人は魅力に欠けたのである。

結論。**あなたのものの見方が主流だと思い込まないようにしよう。**あなたと意見が異なるからといってその人を愚かだと考えてはならない。意見の違う人に対して懐疑的になるのではなく、まず、自分自身に対して懐疑的になろう。

12

自分より優秀な人を採用したほうがいいわけ

【社会的比較バイアス】

あなたは、「ライバル」を応援できますか？

私の本がベストセラーリストの一位になっていたころ、私はその本を刊行した出版社からこんなことを頼まれた。ある作家の本があと少しでリストのトップテン入りできそうなので「推薦文」を書いてくれないかというのだ。

出版社は、それでその本の売れゆきに勢いがつけられると考えたようだ。本の裏表紙に載せるための推薦文である。

そうした推薦文が効力を発揮することにいつも驚かされる。本の裏表紙に載っているのは、その本に好意的なコメントばかりに決まっているではないか。理性的な読者なら、そうしたごますりは無視するか、少なくとも、その本を酷評するコメントとそれらを比較しようとするはずだ（痛烈な批評はどの本にもつきものだが、それが読めるのはその本以外のどこかだ)。それでも、出版社は好意的なコメントを寄せてほしいと言ってゆずらなかった。

私は躊躇《ちゅうちょ》した。なぜ私は自分の損になることをしなければならないのだろう? ベストセラーの一位の座をめぐって争うことになるかもしれない誰かに、どうして手を貸さなくてはならないのだろう?

本の推薦文を書いたことは何度もあるが、それらはどれも私の本のライバルになるようなジャンルのものではなかった。しかしこのときは、**「社会的比較バイアス」**が働いた。「社会的比較バイアス」とは、**自分より優位に立つかもしれない人を推すのを嫌がる傾向**のことである。能力のある人の後押しを拒んだところで、長い目で見れば得になることは何もないのだが。

本の推薦文はたわいもない「社会的比較バイアス」の一例だが、この心理傾向は、学術界では有害といえる。

というのも、研究者というのは誰もが、自分の専門分野の有名ジャーナルにできるだけ多くの論文を発表することを目標にしている。名前を知られるようになった研究者は、そのうちジャーナルの編集者から、ほかの研究者たちからの寄稿を評価してほしいという依頼を受けるようになる。

多くの場合、論文を掲載するかどうかを決めるのはほんの二、三人の研究者たちだ。もし若い研究者が、その分野全体の常識をくつがえし、それまで王座にあった研究者たちの地位を失墜させるような世界を揺るがす論文を送ってきたとしたら、どんなことが起こるだろうか？　有名研究者たちは、その論文をことのほか激しく非難するだろう。「社会的比較バイアス」の影響である。

「Aクラス」の人は「Aプラス」の人を採用している

心理学者のスティーヴン・ガルシアと共同研究者たちは、「あるノーベル賞受賞者が、自分が勤める大学のポストに将来性のある若い研究者が応募するのを阻害したケース」について記している。

この行動は一見理解できるように思えるが、長い目で見れば逆効果だ。このノーベル賞受賞者は、若く才能のある人間がほかの研究グループに入り、彼の知性を別の研究のために活かす後押しをしたことになるのだから。

ガルシアは、長期間継続して世界のトップにある研究グループがほとんど見られないのは、「社会的比較バイアス」が原因だろうと推測している。

「社会的比較バイアス」は、スタートアップ企業が犯しがちなミスのひとつでもある。アップルで四年間、チーフ・エバンジェリストを務め、現在はオンラインデザイン作成ツール「キャンバ」のチーフ・エバンジェリストであるガイ・カワサキは、こんなことを言っている。

「Aクラスの人は、Aプラスの人を採用するものだ。つまり、自分よりももっと優秀な人を雇おうとする。だがBクラスの人は、自分の部下としてCクラスの人を採用する。そのCクラスの人は自分の部下にDクラスの人を採用し、そのDクラスの人はまた自分の部下にEクラスの人を採用する。そうすると結局、その会社は数年後にはZクラスの社員ばかりになってしまう」

だから、**人を雇うときには、あなたより優秀な人を採用するようにしよう。**そうでなければ、あなたの会社にはそのうち、能力の低い人しかいなくなってしまう。

そのうえ、そうした人たちには「ダニング＝クルーガー効果」も起きる。**能力の低い人は、自分の能力の程度を認識できないという「思考の誤り」**である。

「自分より優れた人」を支援したほうがいい理由

二五歳のアイザック・ニュートンが、自分が余暇を利用して行った研究を教授のアイザック・バローにすべて見せると（大学は、一六六六年から一六六七年にかけて流行したペストが原因で閉鎖されていた）、バローは自らの職を辞して、教え子であるニュートンを後任に指名した。それも即座に、躊躇することなく。

あなたはほかに、自分より適任者がいたからという理由で、教授が進んで辞職したという話を聞いたことがあるだろうか？　二万人いる社員のなかに自分より経営の素質のある者を見つけたからといって、トップの座を明け渡したＣＥＯの話を聞いたことがあるだろうか？　そんなケースはひとつも思い出せない。

結論。**自分より優れた才能を持った人を支援しよう。**

その時点では自分の地位がおびやかされるように感じるかもしれないが、長い目で見ればプラスになる。優秀な人は、どのみちあなたを追い越していく。だからそれまでのあいだは、彼らとよい関係を築き、彼らから学んだほうがいい。

私も結局は、本の推薦文を書くことに決めた。

13 地元のサッカーチームを応援したくなるわけ

【内集団・外集団バイアス】

「仲間意識」を持つことのメリットとデメリット

小さいころ、冬の日曜日には、家族でテレビの前に座ってアルペンスキーの競技会を見ることが多かった。

両親はスイスの国旗をつけた選手を応援し、私にもスイスの選手を応援するようせっついた。だが私は、ふたりがどうしてそんなに競技に熱中するのかわからなかった。理由は三つあった。

まず、どうして二枚の木の板に乗って山を滑り下りるのかがわからなかった。三つのビリヤードの球をジャグリングしながら片足跳びで山を登り、一〇〇メートルおきに決まった大きさのまつぼっくりをできるだけ遠くに投げる、っていうのではどうしてだめなのだろう？

次に、どうして〇・〇一秒差で勝敗が決まるのかがわからなかった。常識で考えれば、それほど結果に差がないということは、滑り下りるスピードも同じくらい速いということではないのか。

そして最後に、どうしてスイスの選手だけを応援しなくてはならないのかがわからなかった。選手たちの誰ひとり親戚ではない。知らない人ばかりだ。彼らがどんな本を読んでいるのかも、何を考えているのかもわからない。スイスに住んでいるからスイスの選手を応援するというのなら、住んでいる場所がほんの数メートルでも国境の反対側だった場合には別のチームを応援することになる（あるいは応援しなくてはならない）のだろうか？

ここで取り上げたいのは、この最後の疑問についてだ。**スポーツチームや人種や会社や国と自分を同化して仲間意識を持つことは、思考の誤りなのだろうか？「集団への同化」**も、私たちのほかの行動と同様に、数千年の進化の過程で形成されてきた行動パターンだ。

かつては「集団」に属さなければ生きられなかった。集団からの追放は、確実な死を意味した。ひとりで十分な食物を調達したり、攻撃から身を守ったりするのはほぼ不可能だったからだ。それに個人と集団が対立すれば、通常、負けるのは個人のほうだ。

何人かが「集団」を形成しはじめると、全員があとに続かざるをえなくなる。そうしなければ、集団のなかに居場所を得られないだけでなく遺伝子プールのなかにも居場所がなくなってしまう。

私たちが集団に属そうとするのは「自然のなりゆき」なのである。私たちの先祖は、みなそうしてきたのだ。

ささいな「共通点」だけで一気に好ましく感じるのはなぜ？

心理学ではさまざまな集団効果についての研究がなされており、それらはまとめて「**内集団・外集団バイアス**」と呼ばれている。集団状況に置かれることによって起きる私たちの行動や心理の変化には、次のようなものがある。

ひとつ目。集団は、最小限の、どうということのない基準をもとにしてでも形成できる。スポーツでいえば、「自分の出身地のチーム」というだけでそのチームと自分を同化できるし、ビジネスの世界でいえば、「同じ会社で働いている者同士」というだけで集団意識を持つことができる。

イギリスの心理学者、ヘンリー・タジフェルは、コインを投げて表が出たか裏が出たかで、互いに面識のなかった人々をふたつのグループに分けた。そして片方のグループのメンバーに、「このグループに分けられた人は全員、彼ら（もうひとつのグループ）がこれまで知らなかった特定のタイプの芸術を好む傾向があるのだ」と告げた。

すると、驚くべきことが起きた。彼らは、（a）互いのことを知らず、（b）単なる偶然からよせ集められ、（c）芸術のことなどまったくわからなかったにもかかわらず、「同じグループのメンバーを、もうひとつのグループのメンバーよりずっと好ましいと感じた」のだ。

ふたつ目。自分が所属する集団に属していない人たちは、自分たちよりも多様性が低く、無個性に感じられる。**「外集団同質性バイアス」**と呼ばれる現象で、他集団を「ステレオタイプ化」したり、他集団に対して「先入観」を持ったりすることから起きると考えられている。ＳＦ映画を観て、人間にはさまざまな文化があるのに宇宙人のほうはそうではないと気づいたことはないだろうか？

三つ目。集団は「共通の価値観」を持つ者同士で形成されることが多いため、集団のメンバーの意見は、ほかのメンバーから過剰なほどの支持を受ける。

集団内と外でのこうした「感覚のずれ」は危険である。とりわけそれが企業のなかで起きた場合には。社内の論理や価値基準に慣れすぎると、それが社外では通用しないことに気づかないことが多いが、それもこの感覚のずれが原因である。

家族が困ったときに助け合うのは自然な反応だ。あなたと同じ遺伝子を持つ兄弟や姉妹の成功は、生物学的な成功をも意味するからだ。

この感情を利用した馬鹿げた思考の誤りがある。偶然形成されただけの集団に家族のような感情を抱き、自分の命を犠牲にしてしまうことがあるのだ。「兵士として前線に赴く」場合だ。

「祖国」という言葉を使って国と兵士とのあいだに血縁関係があるかのように思わせるのも、軍事訓練の目的が例外なく、兵士たちを「兄弟」として一体化させることに置かれているのも偶然ではない。

結論。部外者に対して先入観を持ったり反感を抱いたりするのは、生物学的に自然なこと。**だが、集団と自分を同化すると、あなたのものの見方には歪みが生じる。**

あなたが戦線に送られるようなことがあったら、脱走しよう。戦いで誰かのために身を投げ出すのは勇敢な行為でもなんでもない。単に愚かなだけだ。

14 予定を詰め込みすぎてしまうわけ

【計画錯誤】

なぜ、「楽観的」すぎる計画を立ててしまうのか？

毎朝、「その日に片づける仕事」を頭のなかで整理する人は多いのではないだろうか。**だが、夕方までにそれらすべてを終えられる日はどのくらいあるのだろう？** 毎日？ 二日に一度？ 一週間に一度？

あなたが平均的なスピードで仕事をこなしているとしたら、計画していたことを全部こなして終業時間を迎えられる頻度は、二〇日に一度といったところだろう。

つまり、あなたの計画は楽観的すぎるのだ。現実よりもはるかに楽観的なのである。

今日が、あなたがこの惑星で過ごす最初の日だというなら、そういうこともあるかもしれない。けれどもあなたは数年どころかもう何十年も前から一日にこなせる用件の数を予測してきているわけで、普通に考えれば、ものごとに対する自分の処理能力を毎日過大評価することなどありえないはずだ。そのほかの分野では経験から学ぶことができているのだから、理屈に合わない。それなのに、なぜあなたは計画を正確に立てられないのだろう?

これまでに立てた計画のほとんどは楽観的すぎたとわかっているのに、今日だけは例外で、予測したとおりにことが運ぶのではないかとあなたは毎回大まじめに思い込む。

ダニエル・カーネマンはこの現象を、**「計画錯誤」**と呼んでいる。

通常、大学生は最終学期に「卒業論文」を書かなくてはならない。カナダの心理学者、ロジャー・ビューラーと彼の研究チームは、最終学期にいる学生たちにふたつの質問をした。

学生たちは、論文を提出できる(a)〝現実的な〟期日と、(b)〝最悪の事態が起きた場合〟の期日を答えなくてはならなかった。

だが結果的に**〝現実的な〟期日を守れた学生は、全体のわずか30パーセントにすぎなかった。**平均すると学生たちは論文執筆に見積もりの倍近くの時間を要していて、それは〝最悪の事態が起きた場合〟の期日よりさらに一週間長かった。

「計画錯誤」が特に顕著になるのは「何人もが共同でものごとを進める場合」で、そうした事例がよく起こるのは、経済界、学界、政界においてだ。

プロジェクトに必要な時間は楽観的に見積もられ、そのメリットも過大評価される。一方で、プロジェクトのコストとリスクは過小評価される。

貝殻の形をしたシドニーのオペラハウスは、一九五七年に計画された。竣工予定は一九六三年、工費は七〇〇万ドル（約七億六〇〇〇万円）と見積もられていた。

しかし実際にオペラハウスが開館したのは一九七三年で、かかった総工費は一億二〇〇万ドル（約一三〇億円）だった。予想の一四倍以上のコストがかかったのである！

正確に計画を立てることができない「ふたつの理由」

私たちはなぜ、「正確に計画を立てること」ができないのだろう？

理由のひとつ目は、私たちには**現実を無視した「希望的観測」**で計画を立てる傾向があるからだ。どんな目標でも達成できる成功者でありたいのだ。

もうひとつの理由は、**「プロジェクトだけ」**に意識が向いてしまい、それ以外の影響を考慮しようとしないからだ。

ナシーム・タレブは著書『ブラック・スワン』（ダイヤモンド社、二〇〇九年）で、ラスベガスのあるカジノについて書いている。

そのカジノは損失のリスクと利益を完璧に算出していたはずだったのだが、予想もしていなかった三つの出来事が起こり、破産寸前まで追い込まれた。

まず、ショーに出演していたスターのひとり（イリュージョニスト〝ジークフリート&ロイ〟のロイ）が上演中にトラに襲われるという事故が起き、ショーが中止になった。その結果、一億ドル以上の損失が出た。

次に、従業員が税金の申告用紙を紛失し、カジノのライセンスがはく奪されそうになった。

さらにカジノのオーナーの娘が誘拐され、オーナーが身代金を支払うためにカジノのお金に手をつけた。もちろん、そんなことが起きるとは誰も考慮に入れていなかった。

まさにこうした**予想外の出来事**によって――たとえこれほど劇的なものでなくても――私たちの計画は台なしになってしまう。

日常においても、娘の喉に魚の骨が刺さったり、車のバッテリーが上がったり、売りに出していた家に買い手が現れ、提示条件についてすぐに話し合わなければならなくなったり、と「突然起きた予想外の出来事」のために計画が妨げられることは十分にありえる。

「失敗」の予想と対策を計画に盛り込んでおく

それなら、もっと綿密な計画を立てれば、予定どおりに運ぶようになるのだろうか？　答えは「ノー」だ。細かく計画を立てると、「計画錯誤」は一段と強くなる。プロジェクトだけに意識が向き、予想外の出来事をよけい考慮しなくなるからだ。

それでは、どう対処するのが一番いいのだろう？　あなたの**「過去」**を参考にしてみよう。

あなたの目を**「内側」**（つまりあなた自身のプロジェクト）ではなく**「外側」**に向けて、類似の計画だけを見るようにするのだ。

同じようなプロジェクトに三年を要し、五〇〇〇万のコストがかかったなら、いまのプロジェクトにもおそらく同じだけの時間とコストがかかるはず。どれだけ綿密に計画を立てようとその事実は変わらない。

そしてもっとも重要なのは、プロジェクトにゴーサインが出る少し前に、いわゆる**「死亡前死因分析」**をして、想定できる失敗への対応策を計画に盛り込んでおくことだ。

アメリカの心理学者、ゲイリー・クラインは、プロジェクトの関係者を集め、次のような話をして「死亡前死因分析」を行うことを推奨している。

「いまが一年後だと想像してください。私たちはこの資料に書かれている計画を実行しましたが、結果は大失敗に終わりました。五分から一〇分、時間をあげますから、計画が失敗に至るまでの過程を書いてみてください」

そこで書かれた架空の物語は、プロジェクトがどんな経過をたどる可能性があるかを示してくれるだろう。

15

ほらで相手を納得させられるわけ

【戦略的ごまかし】

なぜ、「できます」とはったりをかましてしまうのか？

あなたは憧れだった仕事に応募するとしよう。履歴書は一分の隙もないくらい完璧に仕上げてある。面接では自分の能力やこれまでの業績を強調し、不利になりそうなことは意図的に省略する。

利益を30パーセント増加させると同時に、コストを30パーセント減らすことができるかと訊かれたあなたは、落ち着いた声でこう答える。**「もちろんです」**

内心では不安でいっぱいで、いったいどうやってそんなことを実現すればいいのかわからなくても、その仕事を手に入れるためにあなたはそう口にする。まずは採用されることが第一だ。細かいことはあとで考えればいい。現実的な答えなど返したら、採用の見込みがなくなるだろう。

あなたはジャーナリストで、実用書のすばらしいアイデアを持っているとしよう。あなたが書こうとしているテーマはすでに世間でも話題になっている。

あなたはかなりの額の前払い金を払ってくれそうな出版社を見つけ出した。出版社側は適切な金額を算出するために、あなたの執筆計画を知りたいという。担当者は読書用の眼鏡をはずしてあなたを見る。「原稿はいつごろいただけそうですか？　半年もあれば大丈夫でしょうか？」

あなたはごくりとつばを飲む。それまで一度も三年以内に本を書き上げられたためしはなかったからだ。それでもあなたはこう答える。**「もちろんです」**

できれば嘘はつきたくないが、本当のことを言えば前払い金はもらえない。だが契約を結んでお金がいったん口座に入ってしまえば、出版社にしばらく待ってもらうことはできるはず。その都度、うまい口実を考え出せばいいだけだ。

こうした行動は、専門用語では**「戦略的ごまかし」**と呼ばれている。**大きな危機に瀕しているときほど、事実を誇張する傾向が強くなる。**

だが「戦略的ごまかし」はどんな状況でも機能するというわけではない。

眼科医が、「あなたの視力を完璧に取りもどしてあげましょう」と五回連続で約束したにもかかわらず、手術のたびにあなたの視力が悪くなっていたとしたら、あなたはそのうち眼科医の言うことを真に受けなくなるだろう。

だが、そのときかぎりの状況においては「戦略的ごまかし」は効果を発揮する——先に挙げたような、就職面接の場合がそうだ。同じ会社があなたを何度も採用することはない。一度だけか、一度もないかのどちらかだ。

「言ったこと」ではなく、「やったこと」に注目する

「戦略的ごまかし」がもっとも頻繁に見られるのは、次のタイプの大規模プロジェクトにおいてだ。

(a) きちんとした責任者がいないプロジェクト(たとえば政府がプロジェクトを発注したが、その後政権が交代してしまった場合など)、**(b) 多数の企業がかかわっていて、互いに責任のなすりつけ合いができるプロジェクト**、そして **(c) 完成が早くとも数年後になると予想されるプロジェクト**である。

オックスフォード大学の教授ベント・フライフヨルグほど、大規模プロジェクトについてよく知る人はいない。

大規模プロジェクトのコストと期限は、どうしてほぼ毎回超過してしまうのだろう?

なぜなら選出されるのは、「最適なプロジェクト」ではなく、「書類のうえで最適に見える

プロジェクト」だからだ。フライフヨルグはこのことを「**逆ダーウィン主義**」と呼んでいる。プロジェクトの出来とは関係なしに、もっとも壮大なほらを吹きさえすれば予算を勝ちとれるからだ。

「戦略的ごまかし」とは、臆面もなく嘘をつくことなのだろうか？　化粧をしている女性は嘘をついているのだろうか？　経済力があると匂わせるためにポルシェをレンタルする男性は嘘をついているのだろうか？

もちろん、厳密にいえばこれらはすべて「嘘」だ。ただ、私たちはこうした嘘には気づかないふりをしている。そして「戦略的ごまかし」に対しても、やはり気づかないふりをする。

多くの場合「戦略的ごまかし」は無害だが、害になるケースもたしかにある。本当に重要なことにかかわる場合だ。

先の例で挙げたような、あなたの目に関することや、社員を採用するときなどがそれに当たる。だからその重要な何かが人間相手のことなら（求人への応募者、本の書き手、眼科医など）、**相手の「発言」ではなく、相手の「過去の業績」に注意を払うようにしよう。**

プロジェクトにかかわることなら、候補となる各プロジェクトのスケジュールやメリットやコストを吟味し、ほかよりも楽観的な見通しを立てている案があれば、発案者にその理由を尋ねよう。その案を経理担当に見せて、容赦ない批判を加えてもらうのもいい。

出版契約書には、コストや期限を超過した場合には厳しい罰金を科す条項を盛り込もう。そのうえで罰金額は、あらかじめ封鎖預金口座（月々一定の金額以上は引き出せない口座）に移しておくよう求めるといい。

16

計画を立てると心が安定するわけ

【ゼイガルニク効果】

記憶から「終わったこと」がすぐ消去される仕組み

一九二七年のベルリンでのこと。大学の学生と教授のグループがレストランを訪れた。ウエイターは次々に注文をとってまわり、なかには特別なリクエストも含まれていたというのに、それらをメモする様子はない。テーブルにいた誰もが、注文をすべて覚えておくのは無理だろうと考える。しかし予想に反して、料理も飲みものも注文したとおりのものが運ばれてくる！

食事を終えて再び通りに出たところで、心理学専攻のロシア人学生、ブリューマ・ゼイガルニクが、レストランにマフラーを忘れてきたことに気づく。彼女は店に戻り、驚異的な記憶力を持つウエイターを探して、マフラーを見なかったかと問いかける。

ウエイターは彼女を不思議そうに見る。彼女が誰かわからず、当然、どこに座っていたかもわからないという。「忘れるなんてありえないわ」ブリューマはひどく腹をたてる。「あれだけ記憶力がいいっていうのに」

だがウエイターはそっけなく答える。「私が注文をすべて覚えていられるのは、それを運び終えるまでのあいだだけなんでね」

ブリューマ・ゼイガルニクと彼女の指導者のクルト・レヴィンは、この不思議な現象について研究し、多少の差こそあれ、多くの人間の頭のなかは、あのウエイターと同じように機能すると発見した。

私たちは、まだ完了していない課題をめったに忘れることはない。進行中の課題は繰り返し意識に浮上し、小さな子どものように強引に私たちの注意を引いて、そちらに関心を向けさせようとする。**しかしいったん完了してしまえば、その課題はすぐにまた記憶から消滅してしまうのである。**

ブリューマ・ゼイガルニクはこのメカニズムに彼女自身の名前をつけ、この現象は**「ゼイガルニク効果」**と呼ばれている。

ただし彼女の研究対象者のなかには、このパターンに当てはまらない例外もいた。進行中のプロジェクトをいくつも抱えていても、頭のなかをすっきりと保てている人がいたのだ。

この謎は近年になってようやく、フロリダ州立大学のロイ・バウマイスターと彼の研究チームによって解き明かされた。

試験のプレッシャーに勝てたのは「計画」のおかげ

バウマイスターは、難易度の高い期末試験を数か月後に控えている学生たちを三つのグループに分けて実験を行った。

グループ①の学生には、「学期中に開催されるパーティーのことを集中して考える」よう指示を出し、グループ②の学生には、「期末試験のことを集中して考える」ように指示をした。グループ③の学生は、「期末試験のことを集中して考え、明確な学習計画を立てる」よう指示された。

そしてその後バウマイスターは学生たち全員に、提示された最初の文字につづけて、決められた時間内にひとつの言葉を完成させるよう求めた。

たとえば「パ……」からは、「パニック」という言葉を思いつく学生もいれば、「パーティー」「パリ」といった言葉を思いつく学生もいた――そうして、彼らが無意識のうちに考えていることを突き止めたのだ。

予想されたとおり、グループ①の学生の頭のなかには予定されている試験のことはほとんどなく、グループ②の学生の頭はほぼ試験のことだけで占められていた。

驚くべき結果を示したのは、グループ③の学生だった。彼らも集中して試験のことを考えていたにもかかわらず、彼らの頭のなかはすっきりとしていて、試験のプレッシャーを感じさせる答えは一切なかった。

その後に行われたいくつかの実験で明らかになったのだが、**その課題に「どのように対処するかという明確なイメージ」ができていれば、進行中の課題で頭がいっぱいになってしまうことはない**のだ。

頭を課題から解放するには、その課題を終わらせなくてはならないと考えたブリューマ・ゼイガルニクの推測は間違っていた。課題が終わっていなくても、それに対処するためのきちんとした「計画」さえ立てていれば十分なのである。

タイムマネジメントの権威が勧める「計画の立て方」

進化の過程を考えれば、実に驚くべき結果と言わざるをえない。進化の過程では、計画立案者と問題解決者が同列に扱われることはなかったはずだ。問題を解決するのは、通常、実力者の役割である。

デビッド・アレンはアメリカのタイムマネジメント術の権威だ。アレンは**「頭のなかを**

水のように澄みきった状態に保つこと」を推奨している。

だがこれは、生活のすべてを整理整頓しなければならないという意味ではない。あなたの頭を悩ませる煩雑な課題に対して、詳細な計画を立てて対応するということだ。段階を追ってひとつずつ、できれば計画を文書にしておく。すべきことを全部書き出して、具体的な課題として把握しておけば、あなたの内面を平静に保つことができる。

〝詳細な〟というところがポイントだ。「妻のバースデーパーティーの準備をする」や「新しい仕事を探す」というのでは通用しない。デビッド・アレンは自分のクライアントに、**ひとつの課題を、二〇から五〇の段階に細かく区分する**ようアドバイスしている。

幸いなことに、こうした作業はアレンに高額なコンサルタント料を払わずとも自分でできる。次に寝つけない夜があったときには、その理由は明らかだろう。

結論。**ベッドサイドテーブルの上に、ノートを一冊用意しておこう**。そこにあなたを煩わせている課題への対処法を細分化して書き留めるだけで、あなたの頭のなかの耳ざわりな声を黙らせることはできるはずだ。

「神を見つけたいが、猫のえさも切れているというのなら、それを解決するための計画を立てればいい」とアレンは言う。有用なアドバイスである――あなたがすでに神を見つけていて、猫は飼っていないという場合でも。

17 反射的に思いついた答えは疑ったほうがいいわけ

【認知反射】

あなたは「三つの問題」のうち、いくつ正解できますか?

次の三つの簡単な問題を考えてみよう。それらの答えを、本書のページの端にでも書きとめてほしい。

①あるデパートで、卓球のラケットとボールがセットで一ユーロ一〇セントで売っている。ラケットはボールより一ユーロ高い。ボールの値段はいくらだろう?

②ある工場では、五枚シャツをつくるのに五台の機械を使って五分かかる。一〇〇台の機械を使って一〇〇枚のシャツをつくるのには、何分かかるだろう?

③睡蓮《すいれん》が生育している沼がある。増殖のスピードはかなり速く、睡蓮に覆われている水面は毎日倍になっている。四八日後には沼全体が覆われてしまうという。沼の半分が睡蓮に覆われるまでには、何日かかるだろう?

この先を読む前に、これらの問いの「答え」をメモしておこう。

どの問題にも**「直観的に出せる答え」**がひとつと、**「正しい答え」**がひとつある。最初に頭に浮かぶ直観的な答えは、一〇セント、一〇〇分、二四日だろう。しかしそれらの答えは間違っている。正解は、五セント、五分、四七日だ。

三つの問題のうち、あなたはいくつ正解できただろうか？

イェール大学で教授を務めるシェーン・フレデリックは、**「認知反射テスト」**と呼ばれるこれらの問題を考えだし、何千人をもテストした。

結果がもっともよかったのはボストンのマサチューセッツ工科大学の学生で、正解数の平均は二・一八だった。次によい結果をおさめたのはプリンストン大学の学生で、平均正解数は一・六三、ミシガン大学の学生はずっと結果が悪く、平均正解数は〇・八三だった。

だがこのテストの興味深い点は、正解数の平均値ではない。興味深いのは、「正解数の多かった人と少なかった人では、何が違うのか」という点である。

「衝動をコントロールする力」が人生を決める

ヒントは、「手のなかにいるスズメと屋根の上にいる鳥では、どちらのほうが好きです

か？」という問いの答えに隠されている。

フレデリックは、テストの正解数が少なかった人は、「手のなかのスズメ」を好む傾向があることに気づいた。「いまあるもので十分満足」というように、このタイプの人は、すぐ目の前にある安全な選択肢を好む。

それに対して、二問、あるいは全問正解した人は、「屋根の上の鳥」を、つまりリスクの大きい選択肢を好む傾向がある。この傾向が認められるのは主に男性である。

このふたつのタイプを分けるのは、「衝動をコントロールする力」だ。

人間には、「将来もらえる報酬」より「いまもらえる報酬」のほうが価値があるように感じるという、「双曲割引」と呼ばれる心理傾向があるが、フレデリックはテストの参加者に次の質問もしている。

「いま三四〇〇ドル手に入るのと、ひと月後に三八〇〇ドル手に入るのとでは、どちらのほうがいいですか？」

テストの正解数が少ない人は、いま手に入る三四〇〇ドルを選ぶ傾向がある。目の前にあるものを獲得したいという欲求を抑えられないのだ。このタイプの人は、正解数が多い人より衝動的なのである。衝動買いをしやすいのも、こちらのタイプだ。

一方で、テストの正解数が多い人は、一か月待つほうを選ぶことが多い。意志の力でいますぐ手に入る喜びを断念し、そのかわりに、あとでもっと大きな報酬を手に入れようというのだ。

「直観」に頼りすぎると合理的な判断ができなくなる

「考えること」は、「感じること」より骨が折れる。合理的な吟味をするには、「直観」にしたがうより「意志の力」が必要だ。そのため**直観的な人は、そうでない人よりものごとの背景を探ろうとしない**場合が多い。

アメリカの心理学者、アミタイ・シェンハヴと共同研究者たちは、「認知反射テスト」の正解数は「信仰」とかかわりがあるのではないかと考えた。結果は思ったとおりだった！

正解数の多かったアメリカ人には（調査はアメリカでのみ実施された）無神論者が多く、しかも「神は存在しない」という彼らの確信は、時が経つほどに強まっていた。

それに対して、正解数の少なかったアメリカ人には神や不死の魂を信じる傾向が認められ、神がかった経験をしたことのある人も多かった。決断を「直観」にゆだねる度合いが強くなるほど、宗教的な観念の背後にあるものを論理的に探ろうとはしなくなる。

もしあなたが自分の「認知反射テスト」の結果が不満で、正解数を上げたいと思うなら、ごく単純で理にかなった問題にも懐疑的に取り組むようにするといい。もっともらしく思えるものすべてが正しいわけではないのだ。

結論。**最初に頭に浮かんだ答えが正解だと思い込まないようにしよう。**

では、用意はいいだろうか？　今度は次の問題に答えてみてほしい。「あなたは車を運転して時速一〇〇キロでAからBに向かい、帰りは時速五〇キロでBからAまで戻ってきた。あなたの往復の平均速度は、時速何キロだろうか？」

七五キロ？　あまり速く答えを出しすぎないように気をつけよう。注意して、じっくり考えよう！

18 あなたが自分の感情の操り人形なわけ

【感情ヒューリスティック】

大事なことを「決定」するとき、どうやって考えるべきか

あなたは「遺伝子組み換え小麦」について、どう思うだろうか？

難しいテーマである。軽率な答えは避けたいところだろう。賢明なのは、評価の定まらないこのテクノロジーがもたらす「プラス面」と「マイナス面」をきちんと分けて考察することだ。

「プラス面」をすべてリストアップしてそれらの重要度を数値であらわし、そこにそのプラス面が現実のものとなる確率を掛ける。そうすれば、期待値（起こりうる値の平均値）のリストができあがる。

次に「マイナス面」でも同じことをする。考えられるマイナス面をすべてリストアップして数字に置きかえ、そこにそのマイナス面が現実のものとなる確率を掛ける。

「プラス面」の数値をすべて足したものから「マイナス面」の数値をすべて足したものを引いた値が、正味の期待値だ。その値がゼロより大きければあなたは遺伝子組み換え小麦賛成派、ゼロ以下なら遺伝子組み換え小麦反対派ということになる。

この方法をご存じの人は多いだろう。**「決定理論」**についての本には必ず記されている方法だ。

だが、ものごとを評価するのにそれだけの手間をかけたことのない人も、同じくらい多いに違いない。それに、決定理論の教科書を書いた教授といえども、この方法で自分の結婚相手を選んだという人などひとりもいないだろう。

こんなふうに、ものごとを決める人は実際にはいない。理由は三つある。

ひとつ目は、私たちは、「プラス面」と「マイナス面」をすべてリストアップできるほどの想像力を持たないからだ。思い浮かぶことには限りがあるし、これまでの経験の範囲を超えてメリットとデメリットを思いつくこともほぼありえない。まだ三〇歳の人が、一〇〇年に一度の悪天候がどんなものかを想像できないのと同じだ。

ふたつ目は、ほんのわずかな可能性まで予測することは不可能だからだ。めったに起こらない出来事に関してはデータも少ない。

最後の三つ目は、私たちの脳はそうした計算に適していないからだ。進化の過程においいて、何ごとに対してもじっくり思案を重ねた人は、肉食動物の腹のなかに消えてしまった。私たちは即時に決断を下した人たちの子孫であり、回答にいたるまでの時間を短縮できる思考法を使っているのだ。その思考法は「ヒューリスティック」と呼ばれる。

好きだと感じると「リスクは少なく利益は大きく」確信する

もっともよく用いられるヒューリスティックのひとつに「感情ヒューリスティック」がある。私たちは、**「とっさに湧き起こった感情」によって、好きか嫌いかの判断を下す。**たとえば、「飛行機の騒音」という言葉はネガティブな感情を引き起こすが、「豪華」という言葉はポジティブな感情を引き起こす。

こうした感情が無意識のうちに生じると、「リスク」と「利益」を分けて考えることはできなくなる。実際にはそれらはまったく別ものなのだが、「リスク」と「利益」が同じ感情の糸にまとめられることになる。

対象が原子力であろうが、有機野菜であろうが、私立の学校であろうが、バイクを運転することであろうが、あなたがそれらの「リスク」と「利益」をどのように評価するかは、あなたの感情によって決まる。**対象を「好き」だと感じると、あなたは、「リスクは少なく利益は大きい」と確信するようになる。**

数千人にさまざまなテクノロジーについて質問をした心理学者のポール・スロヴィックは、次のような関連性を見いだしている。私たちは、自らの感情の操り人形。「感情ヒューリスティック」がなければ、「リスク」と「利益」を別々に評価できているはずなのだ。

だが、さらに印象深いのは次の事実だ。

あなたはハーレーダビッドソンを所有し、ある日、ハーレーダビッドソンを運転するときのリスクは、これまで推測されていたよりも大きいという調査結果を読んだとする。

そうすると、あなたの注意は無意識のうちに、そこから読みとれる「メリット」のほうに向かうのだ。「じゃあ、ハーレーで得られる解放感は、これまで考えていたよりももっと大きいってことじゃないか」というように。

「笑顔」を見ると、瞬時に「好き」だと感じる

ところで、そんなふうに「最初に湧き上がる感情」は、どのようにして生じるのだろう?

ミシガン大学の研究者たちは、三枚ある写真のうちの一枚を、一〇〇分の一秒以下という短い時間だけ光らせる実験をした。「笑顔の写真」と、「怒った顔の写真」と、「どちら

でもない写真」があり、被験者は光ったどれか一枚の写真を見たあとに、無作為に選ばれた漢字一字が好きか嫌いかを答えなくてはならなかった。
ほとんどの被験者は、笑顔を見たあとは「その漢字が好き」だと回答した。

私たちの感情は、一見なんでもなさそうなことに左右される。「株式市場のムード」と私たちが呼んでいるものも例外ではないらしい。

経済学者のハーシュライファーとシャムウェイは、主要株式市場二六か所における、一九八二年から一九九七年までの「午前中の日照時間」と「株式指数」の関連を調べた。するとそこには、自然現象や生物の動きから天気を予測する言い伝えさながらの相関関係が認められた。**午前中に晴れると、日中の株式市場は上昇する**のだ。

もちろん必ずしもそうなるというわけではないが、上昇することが多い。午前中の日光は、どうやら笑顔と同じような作用をおよぼすらしい。

結論。**複雑な決断も、あなたは自分の「感情」と協議してから下している。**「そのことについて私はどう思うだろう?」という問いは、「そのことについて私はどう感じるだろう?」に置き換えたほうがいいかもしれない。もちろん、あなたはそれを認めたがらないかもしれないが。

19

自分の考えに批判的になったほうがいいわけ

【内観の錯覚】

「自分の心は覗けても、他人の心は覗けない」は本当か？

ブルーノは、ビタミン剤の製造会社を経営している。彼の父親が起こした会社で、設立当時、ビタミン剤はまだ一般の人々が気軽に摂取するサプリメントではなく、医師によって処方される薬のひとつだった。

一九九〇年代初頭にブルーノが会社を継いだとき、ビタミン剤や栄養補助食品の需要は飛躍的に伸びていた。ブルーノはその好機を活かした。できるかぎりの借り入れをして、製造量を増やした。いまではもっとも成功したビタミン剤製造業者のひとりに数えられ、ヨーロッパ・ビタミン製造業連盟の会長も務めている。

子どものころから毎日、ブルーノは少なくとも三種類のマルチビタミン剤を飲みつづけている。ジャーナリストに、「ビタミン剤の摂取は健康促進に効果があるのか」と訊かれたブルーノは、こんなふうに答えた。「そのことについては大いに確信を持っています」

あなたは彼を信じるだろうか？

そしてもうひとつ、あなたに質問がある。「あなたが固く信じていること」をひとつ思い浮かべてみよう。

ひょっとしたらあなたは金《きん》の価格は今後五年間上がりつづけると確信しているかもしれないし、神は存在すると信じているかもしれない。あなたの確信していることがなんであれ、それを文章にして書きとめてほしい。

さて、あなたはそれを信じるだろうか？

あなたはきっと、「ブルーノが確信していること」よりも、「自分が確信を持っていること」のほうが信ぴょう性があると思ったのではないだろうか？

なぜなら、あなたの確信の場合は「内側」に向けた観察だが、ブルーノの場合は「外側」からの観察だからだ。簡単な言葉で言いかえれば、あなた自身の心のなかは覗けても、ブルーノの心のなかは覗けないということである。

ブルーノの確信については、あなたはこんなふうに考えるかもしれない。「そう考えたほうが自分の得になるから、ビタミン剤の摂取は効果的だと思い込んでいるんだろう。金銭的に豊かになったのも、成功者としての社会的地位が手に入ったのも会社のおかげだし、親から継いだビジネスを維持したいとも思っているだろうし。それに、これまでの人生、ずっとビタミン剤を飲みつづけてきたんだから、それがまったく無意味だったとは絶対認めようとしないだろう」

だが、あなた自身の確信の場合はそうではない。あなたは自分の内面に直接尋ねることができる。当然ながら、あなたの信じていることに対する偏見も皆無だ。

しかし、自分の内面を見る目はどのくらい正直で、どの程度信用に値するものなのだろう？

私たちは共感されたい——共感されないとどうなる？

スウェーデンの心理学者、ペター・ヨハンソンは、被験者たちに短い時間、ふたりの人物の写真を見せ、「どちらの顔が魅力的だと思うか」を選ばせる実験をした。その後、彼らが自ら「選んだ」写真を近くで見せて、その顔が魅力的だと思った理由を説明するよう求めた。

だが実はそれらの写真は、近くで見せる直前にすりかえられていた。**それなのにほとんどの被験者はそれに気づかなかったばかりか、なぜその写真のほうが（実際に選んだのは**

別の写真なのだが）魅力的だと思ったかについて詳細に理由を説明したという。

つまり、自分の内面を見る目は当てにならないということだ。答えを求めて自分の心のなかを覗くと、私たちの心は適当なことをでっち上げるのだ。

自問をすれば真実や的確な答えにたどり着くという考えは、**「内観の錯覚」**と呼ばれている（「選盲」あるいは「自己観察の錯覚」と呼ばれることもある）。

この考えは、ただの小さな思い違いではない。「内観の錯覚」に陥って自分が確信していることをまったく疑おうとしないと、誰かが自分のものの見方に共感しなかった場合に、私たちは三つのパターンのいずれかの反応を示すことになるからだ。

反応①：**「相手が無知なのだと考える」**

この人は必要な情報を得られていないだけだ。この人も自分と同じことを知っていれば、自分と同じように考えるに違いない。もう少し説明をしてあげたほうがいいかもしれない。政治活動家はこんなふうに考える。彼らは、知っていることを教えてあげれば相手を納得させられると信じてしまうのだ。

反応②：**「相手は愚かなのだと考える」**

この人は必要な情報を持ってはいるが、理解が追いついていないらしい。だから正しい結論が導きだせていないのだ。きっと愚かなのだろう。〝愚かな〟一般市民の批判から身を守り、自分を正当化しようとする役人にとりわけ多い反応である。

反応③：「相手に悪意があると考える」

この人は必要な情報を持っているし、それを理解してもいるのに、わざと反対の立場をとっている。何か企んでいるんだろう。信心深い人は、信仰心のない人に対してこういう反応をすることが多い。信仰心のない者は悪魔の使いに違いない！

結論。自分が確信していること以上に納得のいくものはない。何があっても自分の信じることに固執しようとするのは自然な反応だ。

だが、それは危険なことでもある。内観、つまり自分の内面を見て得られる答えは、ほとんどがでっち上げだからだ。自分の考えを深く長く信じすぎると、それが間違いだったと気づいたときのショックもその分大きくなる。

だから何かに対して強い確信を持っているときほど、自分の考えには批判的でいよう。賢明なあなたに教義はいらない。あなた自身の思考の異端者になろう！

20

最適なものを見逃す場合が多いわけ

【選択肢の見過ごし】

本当にそれはベストなのか——陥りやすい四つの思考の罠

あなたは、自校の魅力をアピールしようとする「MBAの学校のパンフレット」をめくっているところだ。

ツタのからまるキャンパスや、超近代的なスポーツ施設の写真に目を走らせる。さまざまな人種の学生がいたるところに笑顔で写り込んでいる（特に強調されているのは若い女性、若い中国人やインド人学生だ）。最後のページには、MBAが投資に値するものであることを示すための、費用対効果の計算が掲載されている。

MBAの取得費用一〇万ユーロの反対側に、MBA取得者が退職するまでの生涯年収は、MBAを持たずに平均的な職に就いた人の年収を手取りで四〇万ユーロ上まわると書かれている。つまり、結果的には三〇万ユーロのプラスになるというわけだ。当然、MBAは取得したほうがいいということになる。

本当にそうなのだろうか？　とんでもない。あなたは同時に四つの「思考の罠」に陥ろうとしている。


まずひとつ目は「スイマーズボディ幻想」だ。水泳選手の体形が完璧なのは、もともと体格に恵まれた人が水泳選手になったからなのだが、それを水泳のせいと思い込み、自分も水泳をすれば同じような体形が手に入れられると考える「思考の罠」だ。

ＭＢＡの場合も同様に、取得しようとするのは、はじめからキャリアを非常に重視している人ばかりだ。ＭＢＡの有無にかかわらず、彼らが高い収入を得られる可能性は、もともとそれ以外の人たちより大きいのである。

ふたつ目の思考の罠は、ＭＢＡの取得には二年かかるという点だ。この間、学校に通っていなければ得られたはずの給与を一〇万ユーロとすると、ＭＢＡを取得するのに必要な金額は一〇万ユーロではなく二〇万ユーロということになる。この金額をうまく投資に使えば、ＭＢＡがもたらす追加収入を上まわる額をすぐに手にできるかもしれない。

三つ目は、三〇年を超える長い期間の収入を見積もるなど、ばかげているという点だ。三〇年後の世界がどうなっているかなど、誰にも知りようがないというのに。

そして最後の四つ目は、選択肢はＭＢＡを取るか取らないかだけではないという点だ。ひょっとしたら、ＭＢＡよりずっと安価で、同じくらいキャリアにプラスになるプログラムがほかにあるかもしれない。

ここで取り上げたいのは、この四つ目の思考の罠だ。この現象を、**「選択肢の見過ごし」**と呼ぶことにしよう。私たちには、**ひとつの選択肢を次善の選択肢と比較することをつい忘れてしまう傾向**がある。

選択するときは「次善の選択肢」と必ず比較する

例を挙げてみよう。あなたは「貯蓄預金」にいくらか資金をあずけていて、投資コンサルタントにその運用方法について助言を求めたとする。あなたが勧められたのは、５パーセントの利子がつく「債券」の購入だ。

「金利が１パーセントの貯蓄預金にあずけておくより、ずっとお得ですよ」とコンサルタントは言う。本当に、債券を購入したほうがいいのだろうか？

私たちには判断のしようがない。なぜなら、「貯蓄預金」と「債券」との比較は間違っているからだ。

正しくは、その債券をほかのありとあらゆる投資の手段と比較して、そのなかから最良のものを選ばなくてはならない。

ウォーレン・バフェットもこの方法をとっている。「取引をするときには、**必ずその時点で可能な次善の取引と比較する**ことにしている。その分、よけいに手間はかかるがね」

ウォーレン・バフェットとは対照的に、政治家は「選択肢の見過ごし」の犠牲になっている場合が多い。

たとえば、あなたの住んでいる町の空き地に「競技場」を建設する計画があるとしよう。建設賛成派は、空き地をそのままにしておくより競技場をつくったほうが精神的にも経済的にも住民にプラスになると主張する。

だが、「空き地」と「競技場」を比較するのは間違っている。正しくは、「競技場」と、「そこに競技場を建設する場合には不可能になってしまうすべての選択肢」とを比べなくてはならない。学校や病院や焼却施設などの建設から、空き地を売却してその収益を株式市場に投資するという選択肢まで、すべてについて検討すべきなのだ。

あなた自身はどうだろう？　「選択肢」を見過ごしていることはないだろうか？

たとえば、あなたの体に腫瘍《しゅよう》が見つかったとしよう。何もしなければ、あなたはあと五年しか生きられないという。

主治医はあなたに難しい手術を勧めてきた。うまくいけば腫瘍をすべて摘出できるが、手術で命を落とす可能性も50パーセントあるらしい。あなたはどういう決断を下すだろうか？　五年後に確実にやってくる死を待つか、それとも翌週に死亡率50パーセントの手術を受けるか。

このふたつを比較しようとしたあなたは「選択肢の見過ごし」に陥っている！

ひょっとしたら、腫瘍を完全には摘出できなくても、はるかに安全で生きられる期間も一〇年に延びる手術があるかもしれないではないか。寿命が延びた期間に、危険のない方法で腫瘍を取りのぞける治療法が見つかる可能性だってある。

結論。現状（ＭＢＡのない状態、空き地、手術をしないなど）と、選択肢をひとつ示されると、私たちは**現状とその選択肢だけを比較してしまいがちだ**。だがその比較方法は間違っている。

手間をかけて、必ずまた別の選択肢と比べるようにしよう。そうでなければ、あなたはそのうち誰かにうまく言いくるめられてしまうだろう。

21

「知らずにいる」ということに対する感情が存在しないわけ

【瀉血効果】

一九世紀まで行われていた「瀉血治療」とは？

ひとりの男が医師のもとへ運びこまれる。前腕の動脈を切っていて傷口からは血があふれ出している。出血は、五〇〇ミリリットルもある。男は意識を失う。

次の日になると、男は長々と時間をかけて、五回も瀉血《しゃけつ》を受けなくてはならない。瀉血とは、血液を除去することで症状を改善しようとする治療法だ。

三回目からは流れ出る血液に勢いがなくなったため、医師は熱した空気の入ったフラスコを傷口にあてがう。空気が冷えると真空状態となり、腕から血が吸い出される。切り傷の数は六つに増え、男はいまでは半死の状態でベッドに横になっている。

次に医師は、それぞれの傷口のもっとも敏感な部分にヒルをのせる。そのヒルたちが吸い込んだ血で破裂しそうになると、腹をすかせた別のヒルがまたあてがわれる。

三か月後、患者は退院する。亡くなっていなければの話だが。

この治療法は一九世紀まで広く行われていた。瀉血のアイデアは「四体液説」にもとづいている。すべての病《やまい》は、四つの体液（黄胆汁、黒胆汁、粘液、血液）のバランスが崩れるために起きるとする説だ。ニキビも、喘息も、糖尿病も、癲癇《てんかん》も、ペストも、脳卒中も、結核も、そのほかのたくさんの病気も、「体内の血液量が多すぎるために発症する」と考えられていた。そのために瀉血がほどこされたのである。

フランスでは、一八三〇年代だけでも四〇〇〇万匹を超えるヒルが瀉血用に輸入された。「四体液説」は二〇〇〇年以上にわたって医学界の主流だった。

これほど長いあいだ支持された学説はほかにはまずないだろう。しかもこの説は、まったくのいかさまだったというのに。ほとんどの患者は瀉血をしなくても回復した。それは、医師の目にも明らかだったはずなのだが。

二〇〇〇年ものあいだ医学界の重鎮は誤った説にしがみついていた。それが誤っていたことを示す証拠はたくさんあったにもかかわらず。理由は何だろう？

信じがたいかもしれないが、システムが複雑なものの説明というのは、この「四体液説」と同じような経過をたどる運命にある。

「四体液説」は体のしくみを説明するためのものだが、それがたとえ人間に関する説であっても株式市場に関する説であっても戦争や都市や生態系や企業に関する説であっても、**「その説が間違っている」と証明されただけでは、その説はけっして放棄されない。「もっと優れた説」が登場して初めて、誤った説が棄《す》てられる。**

理にかなった行為とはいえないが、こうしたことが起きるのはけっして珍しくはない。この現象をここでは「瀉血効果」と呼ぶことにしよう。

代わりの「優れた説」が現れるまで誤ったままになる

人生において、同時にふたつの仕事やふたつの居住地を持ったり、ふたりの異性と付き合ったりすることは珍しくないが、同時にふたつの見解を持つことはない。だが、ひとつを排除すると、すぐに新しい見解を受け入れる。

見解に対する感情には「正しい」か「間違っている」かの、どちらかしかない。私たちの感情の世界には、「意識的な無知」が存在する余地はない。「知らずにいる」ということをどう感じればいいのか、私たちにはわからない。そのために私たちは、自分の無知を認めるよりなんらかの説を考え出そうとする。

この事実に最初に気づいたのは、科学史学者のトーマス・クーンだ。学説は、それ自体が誤りだからというだけで崩壊することはない。その説より優れているように見える説が登場して初めて崩壊するのだ。

このことは、深刻な害をおよぼすときがある。その理由はなんだろう？　なぜなら、**ひとつの説が間違っていたとしても、かわりになる優れた説がまだ現れていない場合が多い**からだ。

アメリカの中央銀行に当たる連邦準備制度理事会の議長を務めたアラン・グリーンスパンは、経済学者として数十年にわたって尊敬を集めてきた。

だが二〇〇六年に議長職を退いたあと、サブプライム問題に端を発した金融危機が起こり、二〇〇八年の秋には市場が崩壊した。つまりグリーンスパンは在職中に危機を未然に防ぐための対策をとれていなかったわけだが、少なくとも自分自身を厳しく批判した。

議会の公聴会に召喚されたグリーンスパンは次のように証言している。「思想の枠組みがすべて崩壊してしまいました」

委員長が「あなたの信条や、世界に対する見方が誤りだったと気づいたということですか？」と尋ねると、グリーンスパンはこう答えた。「そのとおりです」

ここでグリーンスパンが誤りだったと言っているのは、通貨供給量を通して経済をコントロールするという理論のことである。それなのに、欧米諸国の政府は今日《こんにち》にいたるまでこの理論に固執しつづけている。債務の増加、インフレ、株式相場や生活水準への影響など、さまざまな問題が生じているというのに。

ほかに選択肢がないという理由だけで、いまだにこの理論が使われている。典型的な「瀉血効果」である。

結論。「瀉血効果」はあなた個人にも起きる。間違った考えに固執するのを避けたければ、あなたの投資戦略や人生哲学や周囲の人々に対する見解を、定期的にチェックすることだ。

持説にそぐわない事実に出会ったら、その説はすぐに放棄しよう。「もっと優れた説」が見つかるまで待ってはいけない。それが見つかるまでに、二〇〇〇年かかることもあるのだから。

22

数字は机上で改善できてしまうわけ

【ウィル・ロジャース現象】

何もせずに「業績」が上がったように見せかける方法

あなたは、ふたつのチャンネルを持つ放送局の「テレビディレクター」だとしよう。「チャンネルA」は高い視聴率を誇っているが、「チャンネルB」の視聴率は極端に低い。監査役会はあなたに、両方のチャンネルの視聴率を上げるよう求めてきた。それも半年以内に。それが実現すれば、すばらしいボーナスが待ちうけている。だができなかった場合、職を失うことになる。あなたはどんな措置をとるだろうか？

答えは簡単。チャンネルAの番組のうち、「これまで平均視聴率をわずかに下げる原因になっていたが、それでもそこそこの視聴率を上げているもの」を、チャンネルBに移動させればいい。

チャンネルBの視聴率は惨憺《さんたん》たるものなので、移動してきた番組によって平均視聴率が

上がる。こうすれば、新しい番組のアイデアを出さなくても、両方のチャンネルの視聴率を同時に上げることができ、あなたはすばらしいボーナスを確実に手にできる。

あなたは三つのヘッジファンドの「ファンドマネージャー」に昇進したとしよう。どのヘッジファンドも、主にプライベートエクイティ（株式の未公開会社に関する投資）に投資している。「ファンドA」の利回りは驚くほど高く、「ファンドB」の利回りもまずまずの水準。だが、「ファンドC」の利回りはひどく低い。

あなたは自分が世界一のファンドマネージャーであることを世界に知らしめたいと考えている。そのためには、どういう措置をとればいいだろうか？

答えはもう明らかだろう。**「ファンドA」のプライベートエクイティを、「ファンドB」と「ファンドC」に売却すればいいのである。**

売却するプライベートエクイティは、どれにすればいいだろう？　これまで「ファンドA」の平均利回りをわずかに下げる原因になっていたが、それでも「ファンドB」と「ファンドC」の平均利回りを上げるのに十分な利回りのあるものを選べばいい。そうすれば、あなたはたちどころに三つのファンドすべての平均利回りを改善することができる。社内取引なので、手数料が発生することもない。

もちろん三つのヘッジファンドを合わせると利益は一ユーロも出ていないのだが、それ

でも周りはあなたのことを投資のセンスがあるとみなしてくれるだろう。

この現象は、「ステージ・マイグレーション」もしくは、アメリカ・オクラホマ州のコメディアンにちなんで、**「ウィル・ロジャース現象」**と呼ばれている。

後者は、この人物が言ったという「オクラホマの住人がカリフォルニアに移動したら、どちらの州でもＩＱの平均値が上がるだろう」というジョークにもとづいて名づけられたらしい。馬鹿にされることの多いオクラホマの住人のＩＱも、カリフォルニアのＩＱの平均よりは高いという意味のジョークだ。

「ウィル・ロジャース現象」は直観的には見やぶれない。この現象を記憶に定着させるには、いくつかの異なる状況のもとで十分に訓練する必要がある。

「印象をよくする」ことは簡単にできてしまう

自動車業界から、具体的な数字をともなう例をひとつ挙げてみよう。

小規模の販売店が二店舗、あなたの管轄下に置かれることになった。車の販売員は全部で六名。販売員1、2、3は「Ａの店舗」の社員、販売員4、5、6は「Ｂの店舗」の社員だ。

平均すると、販売員1はひと月に一台車を売り、販売員2はひと月に二台……と続いて、スター販売員である6番目の販売員はひと月に六台車を売る。簡単に算出できるとおり、「店舗A」の販売員ひとり当たりの平均売上は二台、「店舗B」は五台である。

そこであなたは「店舗B」の販売員4を「店舗A」に異動させる。そうすると、どんなことが起きるだろうか?

「店舗A」の販売員は1、2、3、4となる。そしてそれによって販売員ひとり当たりの平均売上は二台から二・五台に増加する。「店舗B」の販売員は5と6だけになり、販売員ひとり当たりの平均売上は五台から五・五台に増加する。

こうして配置を変えても全体的にはなんの変化も起こらないが、「印象をよくする」ことはできるのだ。

ジャーナリストや投資家や監査役会が、子会社や、部署や、コストセンター(コストだけが集計され、直接利益を生み出さない部門)や、生産ラインなどの平均値が上昇したとの知らせを受けたときには、特に注意が必要だ。

「ウィル・ロジャース現象」のなかでもとりわけ油断できないのは、医学の分野での事例である。

腫瘍の進行度は通常、ステージ1からステージ4までの四段階に分類される——「ウィル・ロジャース現象」と同じ作用を示す「ステージ・マイグレーション」（マイグレーションは「移動」の意）という言葉は、腫瘍のステージの移行に由来している。

腫瘍が小さく、適切な治療がほどこせる段階はステージ1、もっとも進行した段階がステージ4だ。患者の生存率もステージ1がもっとも高く、ステージ4がもっとも低い。毎年市場には新しい技術が登場し、そのたびに診断の精度は上がる。以前はどんな医師にも発見できなかったごく小さな腫瘍も見つけられるようになる。

その結果、以前はいたって健康だとみなされていた患者が――その診断は間違いだったわけだが――ステージ1に分類される。それにともない、ステージ1の患者の平均生存率も自動的に長くなる。

すばらしい治療の成果だろうか？　残念ながらそうではない。ただの「ステージ・マイグレーション」だ。

23

小さな店舗が突出して見えるわけ

【少数の法則】

私たちは「偶然の分布」に簡単に惑わされてしまう

あなたは、一〇〇〇店舗の販売店を持つ小売企業の取締役会に出席している。最高財務責任者の依頼で「万引き」という不快なテーマについての調査を実施したコンサルタントが、結果報告をしているところだ。

スクリーンには、売上高と比較して万引き率の高い店舗の名前が大きく映し出され、その上には、太字で驚くような事実が書かれている。

「万引きが多いのは、主に農村部にある店舗」。予想外の結果に一瞬沈黙が流れ、やがて最高財務責任者が口を開く。

「みなさん、どうするべきかは明白です。農村部の店舗のセキュリティシステムをいますぐ強化しましょう。そうでなければ、鋲《びょう》やピンで留められていない商品は全部盗まれてしまいます！　でもなぜ農村部で万引きが頻発するのでしょう。誰か理由を説明できる人はいませんか？」

あなたには、その理由が説明できるだろうか？

もちろんできる。**あなたはコンサルタントに、データのまとめ方を変えて、今度は万引き率のもっとも低い一〇〇店舗の名前を表示するよう要請する。**あわただしくエクセルのデータを並べかえ、コンサルタントはそのリストを作成する。

すると驚いたことに、万引き率が低いのも、ほとんどが農村部の店舗ではないか！

「店舗が農村部にあるかどうかは、決定的な要因ではないのです」。あなたは笑みを浮かべ、一同を見まわす。

「重要なのは〝店舗の大きさ〟です。通常、農村部の店舗は小さめです。たった一件の万引きでも、万引き率には多大な影響をおよぼします。だからその分、農村部では万引き率の変動も激しくなるのです。店舗が大きい都市部よりずっと。みなさんは、『少数の法則』に一杯食わされたのですよ」

おわかりだろうか？「小さな店舗」はデータのまとめ方次第で突出して見えるのだ。データや調査結果を見るとき、私たちは簡単に**「偶然の分布」**に惑わされてしまう。

この**「少数の法則」**は、直観的には理解できない。そのため私たち、特にジャーナリストや経営者や監査役会は何度でもだまされてしまうのだ。

規模が小さいほど「変動」が大きく見える

わかりやすくするために、ひとつ極端な例を挙げてみよう。「万引き率」のかわりに、**店の従業員の「平均体重」**について考えてみる。

今度の例では、店舗の数はふたつしかない。「非常に大きな店舗」と「ごく小さな店舗」だ。大きな店舗では、一〇〇〇人の従業員が働いているが、小さな店舗の従業員はふたりしかいない。

大きな店舗の「平均体重」は、成人全体の平均体重程度、七五キロということにしておこう。新しい従業員が入っても、解雇された従業員がいても、この数値はほとんど変わらない。だが小さな店舗では、店長が肉づきのいい従業員を雇い入れるか、やせた従業員を雇い入れるかで「平均体重」は大きく変わる。

万引きの例でも同じことが起きたのだ。店舗の規模が小さければ小さいほど、万引き率の変動は大きい。**コンサルタントがどんなふうにエクセルのリストを作成しようと、下位グループには小さな店舗が、中間には大きな店舗が並び、上位グループにはまた小さな店舗が並ぶ。**つまり最高財務責任者の出した結論はまったく無意味で、小さな店舗のセキュリティシステムを強化する必要はないのである。

新聞でこんな記事を読んだとしよう。「スタートアップ企業には、知的レベルの高い社員を雇用する傾向があるようだ。連邦政府からの委託により、ドイツの全企業におけるIQの平均値の調査が実施された。その結果、上位を占めたのはいずれもスタートアップ企業だった」

あなたはこのニュースをどう思うだろうか？　ここに書かれていることも、「少数の法則」の一例にすぎない。

一般的に、スタートアップ企業の社員数は少なめだ。そして当然、小さな企業のIQ平均値は、巨大企業のIQ平均値よりはるかに大きく変動する。そのためスタートアップ企業のような小さな企業はリストの上位に（そして下位にも）ランクされる。官庁が行ったこの調査にはなんの意味もない。「少数の法則」の正しさを証明しただけである。

結論。小さな企業や世帯や都市やデータセンターや蟻塚や教区や学校などについての「調査結果」には注意しよう。驚くような結果が出ていても、実際にはただ単に「偶然の分布」を示しているだけだ。

ノーベル賞を受賞したダニエル・カーネマンは最新の著書で、長年の実績を持つ心理学者でありながら、「少数の法則」にだまされてしまった経験を記している。この法則に惑わされるのは、私たちだけではないのだ。

24 「スピード狂」の運転のほうが安全に見えるわけ

【治療意図の錯誤】

「スピード狂」のほうが事故が少ないのは本当か？

「スピード狂」は、「理性的なドライバー」より、安全な運転をするという。その理由は？

ドイツのハンブルクからハノーファーまでは一五〇キロある。この区間を一時間以内で走りきる人を、ここでは「スピード狂」に分類しよう。平均時速一五〇キロ以上出している計算になるからだ。そしてそれ以外の人全員を「理性的なドライバー」に分類する。

事故が少ないのはどちらだろう？　「スピード狂」だろうか、それとも「理性的なドライバー」だろうか？

もちろん、「スピード狂」である。彼らはこの区間を一時間以内に走りきっているのだから、事故に巻き込まれた者はこのグループには含まれない。事故を起こしたドライバーは、自動的に「理性的」なグループに振りわけられることになるのだ。

これは『Der Hund, der Eier legt（卵を産む犬）』（未邦訳）というすばらしい本で紹介されている思考の誤りの例である。この狡猾《こうかつ》な思考の誤りは、**「治療意図の錯誤」**と呼ばれている。

少し前に私は、ある銀行家に興味深い調査結果を見せられた。「多額の負債を抱える会社」は、「負債のない会社」よりもずっと収益性が高いのだという。その銀行家は、「どの企業も限度額まで借り入れをすべきだ」と強く主張した。もちろん、銀行にはそのほうが好都合だ。

私はその調査結果をじっくり見た。銀行家の言うことは本当だった！　無作為に選ばれた一〇〇〇社のうち、「負債額の大きい会社」は、自己資本利益率においてだけでなく、総資本利益率においても負債のない会社を上まわっている。

いったいどうしてそのようなことが起こるのだろう？　少し経ってから、私はようやくその理由を理解した。

利益を上げていない会社は融資を受けられない。だからそうした会社は自動的に「負債のない会社」に振り分けられるのだ。

その一方で、「負債のある会社」は「負債のない会社」より倒産する可能性が高い。会社が金利を支払えなくなると支配権は銀行に移り、会社は安値で売却されて、調査対象からははずされる。その結果、負債はあっても比較的経営が健全な会社ばかりが「負債のある会社」の調査対象として残るのだ。

おわかりだろうか？　「負債のない会社」は、資本準備金の額が大きく、それで赤字を補塡《ほてん》できることが多いため、そう簡単には倒産しない――そのため負債のない会社は、どれほど経営が悪化していても、調査の対象に含まれる。

すべての患者のデータを評価対象にしなければならない

もしあなたがいま「よし、わかった。これからはだまされないぞ」と思ったとしても、注意するに越したことはない――「治療意図の錯誤」を見抜くのはたやすいことではない。

医学の分野から架空の例をひとつ挙げよう。

大規模な製薬会社「ノーウイルス」は、心臓疾患治療のための新薬を開発した。その薬を服用すると、心臓病患者の死亡率が著しく低下することが、ある調査によって「証明」される。その事実はデータに如実にあらわれている。

「新薬を定期的に服用した患者」の五年後の死亡率は15パーセントで、この数字は「なんの効果ももたらさない偽薬を服用した場合」の死亡率と同程度なのだが、「この薬を定期的に服用しなかった患者」の死亡率との差には決定的な違いが出た。「新薬を定期的に服用しなかった患者」の死亡率は30パーセントだった。つまり、「定期的に服用した患者」の死亡率の倍だ！

薬を定期的に飲むか飲まないかで、これだけの大きな差が生じたのだ。新薬はそれだけ効果が高いということだ。違うだろうか？

この場合の決定的な要因は、おそらく**「薬」**ではなく**「患者の状態」**だ。

副作用が強かったために薬の服用をやめた人は、おのずと「定期的に服用しなかった」グループに振り分けられるし、症状が重かったために定期的に薬を服用できなかった患者もこちらのグループに含まれる。

そのためこれまでの例と同じように、「定期的な服用をしたグループ」には比較的状態のよい患者ばかりが残ることになり、結果として薬の効用は実際よりもずっと高く見えているというわけである。

信頼のおける調査では、本来治療を受ける予定だったすべての患者のデータが——患者がその治療を完了したかどうかにかかわらず——評価の対象となる（この方法は「治療意図による分析」と呼ばれている）。

先に挙げた例のように、副作用が強く途中で治療法を変更した患者が多く出た場合に、薬の有効性を誤って高く評価する危険を避けるためだ。しかし残念ながら、この方法を採用していない調査も数多くある——意図的なものか、単純なミスによるものなのかは確かめようがないが。

だから調査結果を見るときは、それが事故を起こしたドライバーに関する調査でも、倒産した会社についての調査でも、重い病気の患者に関する調査でも、**慎重になって、何かしらの理由でひっそりと調査から離脱した対象者がいないかどうかをすぐにチェックしよう。**そういう対象者が含まれているようなら、その調査はゴミ箱行きにしてかまわない。

25

平均的な戦争が存在しないわけ

【平均値の問題点】

平均をもとに予測を立てると危険がともなう

あなたがバスに乗っているところだとしよう。そのバスには、あなたのほかに四九人の乗客がいる。

次の停留所に着くと、「ドイツで一番体重の重い人」がバスに乗り込んできた。**バスの乗客の平均体重は、どのくらい変化するだろう？** 4パーセント？ 5パーセント？ おそらく、変化するのはその程度だろう。

同じバスに乗りつづけていると、今度はカール・アルブレヒトが乗ってきた。彼は「ドイツ一の資産家」である。**バスの乗客の平均資産額は、どのくらい変化するだろう？** 4パーセント？ 5パーセント？ とんでもない！

ざっと計算してみよう。偶然バスに乗りあわせた乗客五〇人は、それぞれ五万四〇〇〇ユーロ（約六五〇〇万円）の資産を持っているとする。つまり統計上の中央値（数値を小さいほうから並べたとき、中央に位置する値）は、五万四〇〇〇ということになる。そこにカール・アルブレヒトの資産額、推定二五〇億ユーロ（約三兆円）を加えると、バスの乗客の新たな平均資産額は、五億ユーロ（約六〇〇億円）にはね上がる。**１００万パーセントの上昇である。飛びぬけた資産を持つひとりが加わるだけで、がらりと変わってしまうのだ。**そうなると、「平均」という言葉は意味をなさなくなってしまう。

このバスのたとえは、哲学者でありトレーダーでもあるナシーム・タレブが考えだしたものだが、タレブはこんな警告も発している。「水深の平均が一メートル以上ある川はけっして渡ってはいけない」

その川は、ほとんどの場所では水深が数センチ程度しかないが、中央では流れが強く、水深が一〇メートルあるかもしれないからだ――それだけの深さがあれば溺死しかねない。

平均をもとに予測を立てることには危険がともなうことがあるのだ。平均値は、その背後にある分布を覆いかくしてしまうからである。

こんな例もある。「夏の一日の平均紫外線量」は、健康に害をおよぼす値ではない。けれども、あなたが夏のあいだじゅう日の射さないオフィスで過ごし、その後、スペインのマヨルカ島に出かけてなんの対策もせずに一週間肌を焼いたとしたら、あなたは間違いなくトラブルを抱えることになるだろう。

平均すると、あなたが浴びた紫外線の量は、定期的に休暇先で肌を焼く人が浴びる紫外線量を超えたわけではなくてもだ。

複雑な現代では「平均の概念」は意味を持たない

以上のことは特に目新しいわけではなく、理にかなってもいる。ところが、さらに新しい現象が起きている。現代の複雑な世界では、分布がどんどん偏ってきているのだ。バスのたとえでいえば、現代の分布は、ひとつ目の例よりもむしろふたつ目の例に似ている。平均について語るのが適さないケースが増えているのだ。

平均的なウェブサイトのアクセス数はどのくらいだろう？　答えは、平均的なウェブサイトなど存在しない。ほんの少しのウェブサイト（たとえばドイツの大衆紙『ビルト』のサイトやフェイスブック、グーグルなど）がユーザーの大半を引きつけるのに対して、無数にあるその他のウェブサイトにはほんのわずかな人しか訪れない。

数学者はこうした状態を「べき乗則」と呼んでいる。**一部だけが突出している分布状態**

においては、「平均」の概念は意味を持たなくなるのである。

会社の平均的な規模はどのくらい？　町の平均的な人口はどれくらい？　平均的な戦争とはなんだろう（基準になるのは死者数だろうか、それとも戦争が続いた日数だろうか）？

ドイツ株価指数の一日の平均的な動きとはどんなだろう？　建設プロジェクトの平均的なコスト超過はどのくらい？　書籍の平均的な発行部数は？　台風の平均的な被害額は？　銀行員の平均的なボーナスの金額は？　マーケティング・キャンペーンの平均的な成功とはどんな状態？　ｉＰｈｏｎｅアプリの平均的なダウンロード数は？　平均的な映画俳優の収入はどれくらい？

もちろん、それらはどれも算出しようと思えばできるが、そんなことをしても何もならない。どれにも「べき乗則」の分布が当てはまるからだ。

最後のケースだけを例にとると、ひと握りの俳優が年収一〇〇〇万ユーロ（約一二億円）以上を稼ぐ一方で、生活できるぎりぎりの額しか稼げない俳優も何千人もいる。

あなたは自分の娘や息子に、平均収入が高めだからという理由で俳優を目指すことを勧めるだろうか？　おそらくそんなことはしないだろう。

結論。誰かが「平均」という言葉を使ったときには注意しよう。その背後にある分布を探ったほうがいい。

一台目のバスの例と同じように、突出した一部が平均にほぼなんの影響もおよぼさない分野では、「平均」という概念には意味がある。しかし、二台目のバスの例と同様に、突出した一部がほかを大きく引き離している分野では、「平均」という言葉を使うのは、（あなただけでなくジャーナリストも）やめたほうがいい。

26

「拾ったお金」と「貯めたお金」で扱い方が変わるわけ

【ハウスマネー効果】

お金は裸ではなく、感情の衣服にくるまれている

一九八〇年代初めの、風の強いある秋の日のこと。しめった葉が何枚も頼りなげに歩道の上を舞っていた。

ギムナジウム（ドイツ語圏の中高一貫の進学校）に向かう途中の坂を自転車を押しながら登っていた私は、足元にめずらしい葉があるのに気づいた。大きな赤褐色の葉で、しゃがんでよく見ると、それは五〇〇フラン札（約五万円）だった（当時はまだ五〇〇フランの紙幣があった）。五〇〇フランといえば、ギムナジウムの生徒にとっては大金である。

だが、そのお金は長く私のもとにはとどまらず、あっという間に消えてしまった。ディスクブレーキとシマノ製のギアのついた高価な自転車を買ったのだ。当時売り出されていたなかで最高級の自転車だった。私の古い自転車は、まだなんの問題もなく使えていたの

だが。

もちろん、それまでにも貯めていたお金は数百フランあった。だが、そのお金を特に必要もない自転車に替えようなどと考えたことは一度もなかった。たまに贅沢をして、そのお金で映画を観に行くことがあるくらいだった。

自分の行動の不合理さに気づいたのは、かなりあとになってからだ。「拾ったお金」も「貯めたお金」も、同じお金であることに変わりはないというのに。でも、私たちは、すべてのお金を同じように扱うわけではない。

「そのお金をどうやって手に入れたか」によって、お金への向き合い方が変わる。お金は「裸」ではなく、私たちの「感情の衣服」にくるまれているのである。

高額の宝くじに当たった人は、数年後には前より貧しくなる

ふたつ質問がある。

ひとつ目。あなたは一年間、一生懸命に働いた。**その年の終わりには、口座に入っている金額は、その年の初めより二万ユーロ（約二四〇万円）増えていた。あなたはそのお金をどうするだろうか？**

（A）そのまま口座に入れておく。（B）投資にまわす。（C）カビだらけのキッチンを新

しくするなど、必要なことに使う。（D）奮発して豪華クルーズに申し込む。

——あなたはどれを選んだだろうか？　あなたがたいていの人と同じように考えたとしたら、あなたが選んだのは（A）、（B）、（C）のどれかだろう。

ふたつ目。**宝くじで二万ユーロが当たった。あなたはそのお金をどうするだろうか？**もう一度先ほどの選択肢を見て考えてほしい。あなたの答えは（A）、（B）、（C）、（D）のうちのどれだろう？

——この質問をすると、たいていの人は今度は（C）か（D）を選ぶ。そしてそう答えた人はもちろん、「思考の誤り」に陥っている。どちらも同じ二万ユーロには変わりないのだから。


同じような思考の誤りはカジノでも見うけられる。私の友人はルーレットに一〇〇〇ユーロ（約一二万円）つぎ込み、全額すってしまった。どんな気持ちがするかと尋ねると、彼はこう答えた。

「本当に一〇〇〇ユーロすったわけじゃないからな。あれはその前に賭けで勝ってもうけた一〇〇〇ユーロだったんだ」「でも、お金はお金じゃないか」「ぼくにとっては別ものだよ」彼はそう言って笑った。

賭けごとに勝ったり、偶然拾ったり、遺産として受けとったお金の扱いは、働いて稼いだお金よりもぞんざいになる。アメリカの経済学者リチャード・セイラーはこの現象を「ハウスマネー効果」と呼んでいる。私たちには、**「予想外の利益を手にすると、リスクに無頓着になる傾向」**があるのだ。

高額の宝くじに当たった人が、数年後には前よりも貧しくなっていることが多いのはそのためだ。「ハウスマネー効果」は一般的には、「悪銭身につかず」ということわざでよく知られている。

「思いがけずお金が入ったとき」ほど、注意しよう

セイラーは、自分の学生たちをふたつのグループに分け、ひとつ目のグループには、「たったいま三〇ドルが手に入った」と仮定して、次のような「コイン投げ」に参加するかどうかを選ぶようにと告げた。

コイン投げで裏が出たら九ドル獲得できるが、表が出たら学生たちは九ドル失うことになる。すると、学生の70パーセントはコイン投げに参加すると答えた。

ふたつ目のグループの学生には、特にお金が入ったわけではないが、確実に手に入る三〇ドルか、コイン投げに参加するかのどちらかを選ぶように言った。コイン投げで獲得で

きる金額は、表が出たら二一ドル、裏が出たら三九ドルだ。

ふたつ目のグループは、ひとつ目のグループよりも保守的な選択をした。**リスクの大きいコイン投げを選んだのは、学生のわずか43パーセントにすぎなかった。**どちらのグループも、獲得できる見込みのある金額はまったく同じなのだが。


マーケティング戦略家は「ハウスマネー効果」の有用性をきちんと把握している。オンラインカジノのポータルサイトでは、入会すると一〇〇ドルのボーナスが進呈される。アメリカでは、クレジットカード会社は申し込み用紙に記入をした人にボーナスとして一〇〇ドルを進呈する。航空会社はマイレージプログラムに入会した人に、数千マイルを進呈する。一定額まで通話が無料になるサービスを進呈する電話会社があるおかげで、私たちはたいした用もないのに電話をするのが習慣になる。

こうしたサービスの大半は「ハウスマネー効果」を踏まえたものだ。


結論。**期せずしてお金が入ったり、どこかの会社から何かを進呈されたりしたときには注意しよう。**気が大きくなって、それを上まわる支出をすることにもなりかねない。

そのお金から扇動的な衣服を引きはがし、仕事用の衣服のなかへ送り込もう。あなたの銀行口座という衣服のなかへ。

27

統計の数字よりも、小説のほうが心を動かすわけ

【心の理論】

アメリカで撮影も掲載も禁じられていた「写真」の理由

一八年ものあいだアメリカでは、メディアが「亡くなった兵士の棺《ひつぎ》」の写真を撮ったり、その写真を掲載したりすることが禁じられていた。

二〇〇九年の二月、国防長官のロバート・ゲーツがその禁令を解くと、インターネットには一気に大量の写真があふれ出した。正式には、遺族に写真を掲載する許可をとらなくてはならないのだが、そういう決まりはないも同然になっている。

しかし、そもそもなぜ棺の写真を載せることが禁止されていたのだろう？　戦争が悲惨なものだという印象を薄めるためだ。

戦争でどれほどの犠牲者が出たかは、戦死者の統計を見れば誰でも確かめることができる。とはいえ、**「統計」を見ても私たちの気持ちはそれほど動かない。だが、人間は――**

特に亡くなった人々は――私たちの「感情」を大きく揺り動かす。

私たちのこうした傾向は、太古の昔から、集団で暮らさなければ生き残ることができなかったために生じたものだ。集団で生きるため、私たちは過去一〇万年のあいだに、ほかの人々が何を感じ、何を考えているかを感じとる鋭敏な感覚を身につけた。

研究者はこの能力を「**心の理論**」と呼んでいる。


ひとつ実験をしてみよう。

あなたは私から一〇〇ユーロを受けとったとする。あなたはそのお金を、初めて顔を合わせた人と分け合わなくてはならない。分け方を決めるのはあなただ。

相手があなたの提案を飲めば、お金はそのとおりに分配される。だがもし相手が拒否すれば、あなたは私にその一〇〇ユーロを返さなくてはならず、双方ともお金を手にすることはできなくなる。さて、あなたはどんなお金の分け方を提案するだろう?

理屈の上では、相手にたった一ユーロ渡すだけでも十分意義がある。相手にとっては、何ももらえないよりはそのほうがいいはずだからだ。

しかし、一九八〇年代に経済学者がこの「**最後通牒《つうちょう》ゲーム**」の実験を始めると(このゲームは研究者たちのあいだでそう呼ばれていて、八〇年代以降何度も実施されている)、被験者はまったく別の行動を見せた。彼らは相手に金額の30パーセントから50パーセントをオファーした。30パーセント以下では〝不公平〟に感じられたからだ。

「最後通牒ゲーム」は、「心の理論」があることを明白に裏づける実験のひとつだ。**意識しなくても、私たちは相手の感情をくみ取ろうとするものなのだ。**

けれどもこのゲームのやり方をほんの少し変更すると、相手へのこうした寛大さは機能しなくなる。

被験者を別々の部屋に分けて互いが見えない状態にし、それ以前に一面識もない場合、相手に共感することはほぼ不可能になる。相手は抽象的な存在にとどまり、オファーする金額も平均20パーセント以下に減少する。

私たちが「感情移入」してしまうのは、だれかの物語

心理学者のポール・スロヴィックは、慈善団体への寄付を募る実験を行った。

被験者のひとつのグループには、アフリカのマラウィに住むロキアというやせ細った子どもが懇願するような目を向けている**「写真」**を見せた。このグループの人々の寄付額は、平均二・五ドルだった。

もうひとつのグループには、三〇〇万人の子どもが食糧難で苦しんでいるとマラウィでの飢餓状況を伝える**「統計の数字」**を見せた。ふたつ目のグループの寄付額は、ひとつ目

よりも50パーセント少なかった。

驚くべき結果である。食糧難の規模が明確になっている分、ふたつ目のグループからは、ひとつ目を上まわる額の寄付が集まってもよかったはずなのだが。

しかし私たちはそんなふうには反応しない。**統計の数字を見ても私たちの心は動かないが、人間は心を動かすからだ。**

メディアはずいぶん前から、事実を報道したり棒グラフを示したりするだけでは読者は獲得できないと承知している。

記事には必ず名前があり、顔がある。株に関する記事なら該当企業のCEOが前面に押し出され（値動きの具合によって笑顔の写真が使われたり、やつれた様子の写真が使われたりする）、国に関する記事には常にその国の大統領の写真がある。地震について報じるときには犠牲者がその記事の顔になる。


私たちが人間に感情移入する傾向があるからこそ繁栄している、非常に重要な文化的発明品がある――**小説だ。**

この文学における発明品は、人間同士の、あるいは人間が内側に抱える葛藤を数名の登場人物の運命として描き出す。

たとえば、一七世紀のアメリカ・ニューイングランドのピューリタン社会における精神的拷問の方法については論文を書くこともできたはずだが、今日に至るまで私たちが読んでいるのは、そのことを題材にしたホーソーンの小説『緋文字』（光文社、二〇一三年ほか）である。

一九三〇年代に起きた世界恐慌についてはどうだろう？　統計の記録は数字の羅列にすぎない。私たちの心にいつまでも残っているのは、世界恐慌の時代に生きた家族の物語、スタインベックの『怒りの葡萄』（新潮社、二〇一五年ほか）である。

結論。誰かの悲惨な運命について聞かされたときには、慎重になったほうがいい。その背後にある事実や統計的な分布について尋ねるようにしよう。それでもその人の運命に心を動かされないわけにはいかないだろうが、少なくとも正確な状況を把握できるようにはなる。

反対に、あなたが話を聞かされる側でなく、独自の目標を追っている場合は、つまり、人々の心を動かし、注目を集め、目標達成に向けての協力を仰ぎたい場合は、あなたの活動に十分な人間味を加味するようにしよう。

28 私たちが「新しいもの」を手に入れようとするわけ

【最新性愛症】

「五〇年先の世界」を想像してみるとわかること

「五〇年後の世界」はどうなっているだろう？　日常生活はどんなふうに変わっているだろう？　どんなものを使うようになっているだろう？

五〇年前にそう思いをめぐらせた人々は、いま私たちが生きている時代に対して奇妙なイメージを抱いていた。

空飛ぶ車でいっぱいで、街はガラスの超高層ビルが立ちならぶガラスの世界。そのビルのあいだをリニアモーターカーがスパゲティのように身をくねらせながら走っている。

人々はプラスチックのカプセルのなかに住み、海底都市で働き、夏の休暇を月で過ごし、錠剤で栄養を摂取している。子どもは自分たちでつくらずに、カタログから選ぶ。親友はロボットで、人々は不死を手に入れ、ずいぶん前から自転車のかわりにジェットパック

（背負った機材から噴き出る噴射で空を飛ぶ器具）を使うようになっている――。

けれども、あなたのまわりを見てみてほしい。

あなたは椅子に座っている。椅子は、古代エジプトにファラオがいたころの発明品だ。そしてズボンをはいている。五〇〇〇年以上前に発明され、紀元前七五〇年ごろにゲルマン人によっていまのような形に改良された。革靴のアイデアはもっとも新しい氷河期に生まれたものだ。

本棚（おそらくＩＫＥＡの〝ビリー〟だろう）はプラスチック製ではなく、世界最古の建材である木製だ。あなたは紙に印刷された文章を読んでいて、もしかすると、あなたの曽祖父のように、眼鏡をかけているかもしれない。

食事のときにもやはり曽祖父と同じように、おそらくは木製のテーブルにすわり、フォーク（「Ｋｉｌｌｅｒ　Ａｐｐ」という呼び名で古代ローマ時代から使われていた）を使って死んだ動物の断片と植物を口に運ぶ。

つまり**あなたのまわりにあるものは、昔と何ひとつ変わっていないのだ。**

しかし、「これから五〇年先の世界」はどうなっているだろう？　ナシーム・タレブは最新の著書『反脆弱性』（ダイヤモンド社、二〇一七年）で、そのことについてのヒントを与えてくれている。

五〇年以上前から存在しているテクノロジーは、五〇年後もおそらくまだ存在している。だが登場してからまだ数年にしかならないテクノロジーは、何年か先にはすでに過去のものになっていると思っていい。

その理由はなんだろう？　テクノロジーは、動物の種類のようなものだからだ。数百年ものあいだ技術革新の荒波を乗り越えてきたものは、これから先も生き残るに違いない。**長いあいだ存在しているということは、それが何か特別なものを備えているという証明にほかならない。**その特別なものがなんなのかを私たちが常に理解しているとは限らないが、何百年ものあいだありつづけているものには、それだけの理由がある。

「新しいもの＝よいもの」ではない

未来を想像するとき、私たちは現在の「Ｋｉｌｌｅｒ Ａｐｐ」である最先端の発明に必要以上に重きを置いてしまいがちだ。そして昔からあるテクノロジーの役割を過小評価してしまう。

一九六〇年代には宇宙旅行が大ブームで、私たちは学校の遠足で火星に行く未来をまざまざと思い浮かべた。一九七〇年代にはプラスチックがもてはやされ、未来はプラスチックの家に住むのだろうと考えられた。

私たちは最新技術の役割を、一貫して過大評価する傾向にある。タレブはこの思考の誤りを**「最新性愛症」**と名づけている。

だが最先端をいくものは、私たちが思うよりも速く消滅してしまう。あなたが次に何かの戦略会議に出席するときは、そのことを肝に銘じておこう。

「五〇年後」の日常の大部分は、現在の生活と変わらないはずだ。

もちろん、魔法のようなテクノロジーを用いたとされる新しい器具はいたるところで見られるだろう。だがそのほとんどには、短い命しか授けられていない。「歴史のなかにある〝無価値なもの〟フィルター」(タレブの言いまわしである)に除去されてしまうからだ。

「最新性愛症」にはまた別の面もある。私は以前は、いわゆる「アーリーアダプター」に共感を覚えていた。「アーリーアダプター」とは、たとえば最新型のｉＰｈｏｎｅなしでは生きていけないような、革新的な製品を早い段階で手に入れる人のことである。

私はそうした人たちこそ時代を先どりしているのだと思っていた。だがいまは、彼らはある種の病気にかかった、合理性を欠く人たちなのだと考えている。

新しい発明がどんな大きな利益をもたらすかは、彼らにとっては重要ではない。彼らにとって重要なのは、「新しい」というただ一点のみなのだ。

はっきりしているのは、窓からあまり身を乗りださなくても未来は予言できるということだ。そのことは、一九五七年に出版された、スイスの作家、マックス・フリッシュの長編小説『アテネに死す』(白水社、一九九一年)を読むとよくわかる。

フリッシュは作中でひとりの教授に、通信手段の発達した未来の世界について予言させている。

「あなたがたは笑うかもしれないが、旅行もひとつの習慣にすぎないのです。そのうち、旅行というものが存在しなくなる日が来るでしょう。結婚式を挙げたばかりのカップルが辻馬車を走らせて世界じゅうを回る以外に、誰も旅行をしなくなるのです」

私がこの本を読んだのはほんの数か月前。場所は、ニューヨーク行きの飛行機のなかだった。

29

目立つものが重要なものだと思ってしまうわけ

【突出効果】

なぜ、その記者は強引すぎる見出しをつけてしまったのか？

何か月も前から、メディアは大麻《たいま》の話題でもちきりだとしよう。テレビでは大麻の常習者や違法栽培者や売人の話がクローズアップされ、大衆紙には大麻煙草を吸う一二歳の少女の写真が載せられ、一般紙では医療用大麻についての記事が展開されて、大麻が社会や哲学において果たした役割に光が当てられている。どこも大麻の話題ばかり。

ここでは、大麻を使用しても車の運転にはなんの影響もおよぼさないと仮定する。大麻の常習者が事故を起こす場合もあるが、誰もが事故を起こす可能性があるのと同じで、常習者の事故も単なる偶然の結果にすぎないということにしておこう。

クルトは地方記者として働いている。ある夜、クルトは偶然、事故現場を通りかかった。車が木の幹にはりついている。地元の警察と長年にわたってよい関係を築いてきたクルトは、事故を起こした車の後部座席で大麻が見つかったという情報を入手。

彼は急いで編集局に戻り、こんな見出しを書いた。「またしても大麻がドライバーを死に追いやる！」

先の仮定を考えれば、この乱暴な見出しはもちろん不当である。クルトは**「突出効果」**の犠牲になっているのだ。

「突出」というのは、人目を引く特徴や飛びぬけた特質、特殊性など、〝目に飛びこんでくる何か〟のことを指す。**「突出効果」というのは、飛びぬけた特徴が、必要以上に注目を集めてしまう現象**である。

すでに書いたように、ここでは「大麻」と「交通事故」のあいだには、統計上なんの関連もないということになっている。だがこの事故における突出した特徴は大麻であるため、クルトは「大麻のせいで交通事故の死亡者が出た」と思い込んでしまったのだ。

数年後、クルトは昇進して経済担当の記者になった。たったいま、「世界屈指の大企業のひとつが女性をＣＥＯに抜擢《ばってき》した」との知らせが入った。大ニュースだ！

クルトはノートパソコンを開いて、論評を書きはじめる。「この女性は、女性だからこの地位につけたのだ」と。

しかし実際には、この昇進と性別とはおそらくなんの関係もないだろう。もし女性を企業のトップに据えるのがそれほど重要なことなら、ほかの企業もとっくに同じことをしているはずだ。だが企業のトップを務めているのはほとんどが男性である。

このニュースでは性別が〝突出した〟特徴であるため、その点が必要以上に注目されたのだ。

「目立つもの＝重要なもの」ではない

「突出効果」に陥るのは、ジャーナリストだけではない。どんな人でも、その犠牲になることがある。

銀行が襲撃され、犯人ふたりが逮捕されたところ、どちらもナイジェリア人であることが明らかになったとしよう。すると、銀行襲撃犯には特定の国の出身者だけが多いわけではないのに、ナイジェリア人という〝突出〟した特徴によって、私たちの思考は歪められてしまう。「また外国人か」と思ってしまうのだ。

ボスニア人によるレイプ事件が起きれば、それは〝ボスニア人〟だから事件を起こしたということになる。スイス人にもドイツ人にもレイプ犯がいるという事実には思い至らないのだ。こうやって偏見が形づくられていく。

移民の大多数は静かに暮らしているという事実は忘れられがちだが、**「ネガティブな例**

外」は記憶に残りやすい。その例外が突出しているからだ。そのため移民のこととなると、彼らが例外的に起こした問題ばかりが頭に浮かんでくるのである。

「突出効果」は、過去の出来事を解釈するときだけでなく、未来に目を向けるときにも作用する。

ダニエル・カーネマンと共同研究者のエイモス・トベルスキーは、**私たちは未来を予測するときに、〝突出した〟情報を重視しすぎる**ことを明らかにしている。

投資家が〝突出した〟要素のない情報（ある企業が長年継続的に利益を伸ばしつづけているなど）よりも、衝撃的なニュース（CEOの解任など）のほうに強く反応するのはそのためだ。プロのアナリストですら、「突出効果」の影響からは逃れられずに同じような反応を示す。

結論。〝突出した〟情報はあなたの思考や行動を大きく左右する。一方で、目立たず、ゆっくりと展開する地味な要素については、私たちはほとんど注意を払わない。

目立つものに惑わされないようにしよう。めったに見かけない、けばけばしいほど赤い色のカバーの本がベストセラーの仲間入りをしたら、あなたはとっさに、この本は人目を引くカバーのせいで売れているのだと思うかもしれない。だが、そう思い込んではいけない。精神を集中させて、一見明らかに思える説明を退けるようにしよう。

30

占いが当たっていると感じるわけ

【フォアラー効果】

「あなたの性格」を正確に言い当てる方法

親愛なる読者のみなさま、驚かれるかもしれないが、私はあなたを個人的に知っている。あなたのことを、私はこんな人だと考えている。

「あなたは、ほかの人から好かれたいと思っているし、ほめられたいとも思っている。その反面、自分に批判的な傾向もある。いくつか弱点もあるが、たいていの場合はうまくカバーできている。

あなたにはかなりの才能があるのにそれを活かしきれていない。しっかりしていて自制心もあるように見えるが、本当は臆病で自信がない。自分の決断が正しいかどうか疑問を抱くときもある。適度な変化を好み、何かを禁じられたり制約を設けられたりすると不満を覚える。独自の考えに誇りを持っているため、ほかの人の言うことを根拠もなく受け入れたりはしない。軽々しく他人に心を開くのは賢明でないと思っている。外向的で気さくで開放的にふるまうときもあるが、内向的で懐疑的で控えめになるときもある。どちらかといえば非現実的な願望を抱くこともある」

さて、私の見たてはどのくらい当たっているだろうか?「0（ひとつも当たっていない）」から「5（完璧に当たっている）」までのあいだで点数をつけてほしい。

私はあなたの性格を、どのくらい正確に言い当てることができただろうか?

一九四八年、心理学者のバートラム・フォアラーは、この文章を自分の教え子たちに読ませた。文面は、いろいろな雑誌の星占いに書かれていたことを組み合わせただけのものなのだが、学生には、各自が読む内容は「一人ひとりに合わせて書かれてある」と偽った。その結果、学生たちが自分の性格診断に対してつけた点数の平均値は「4・3」だった。彼らはフォアラーの診断の的中率を86パーセントと評価したのだ。

この実験はその後数十年間に何百回も繰り返されたが、結果は毎回ほぼ同じだった。あなたも先の性格診断を、4あるいは5と評価したのではないだろうか。人間には、**ほかの多くの人にも適合する性格描写を、自分だけに当てはまるように感じてしまう傾向**がある。この傾向は**「フォアラー効果」**（あるいはバーナム効果）と呼ばれている。

占星術やアストロセラピー（占星術の診断を取り入れた心理療法）、筆跡占い、バイオリズム診断、手相占い、タロット占い、降霊術などの疑似科学が機能するのは、この「フォアラー効果」のおかげである。

私たちが「性格判断」を信じてしまう四つの理由

「フォアラー効果」は、いったいどのようにして引き起こされるのだろう？　私たちはなぜ、占いなどの性格診断を当たると信じ込んでしまうのだろう？

ひとつ目の理由は、それが**「一般的な内容」**で、どんな人にも必ず当てはまるようになっているからだ。

たとえば、先ほどのフォアラーがつくった文章には「自分の決断が正しいかどうか疑問を抱くときもある」と書かれている。だが、自分の決断に疑問を抱いたことのない人など、はたしているのだろうか？

ふたつ目の理由は、私たちには、**「聞こえのいい言葉」**は自分に当てはまらなくても受け入れる傾向があるからだ。

「独自の考えに誇りを持っている」。そう言われて否定する人などいるわけがない。誰が自分のことを、人のあとについていくだけの退屈な人間だと思いたがるだろう？

そして三つ目は、いわゆる**「特徴肯定性効果」**（肯定的なことやそこにあるものは、否定的なことやそこにないものよりも価値があるように感じられる）の影響があるからだ。

フォアラーの文面にネガティブなことは含まれていない。その人が「何でない」とは書かれていないのだ。性格的に欠けているところも、その人の個性のひとつなのだが。

そして最後の四つ目の理由は、思考の誤りの代表格である**「確証バイアス」**（自分の考えを証明する証拠ばかりを集め、それに反する証拠は集めようとしない心理傾向）が働くからだ。

私たちは自分の思い描く自分像に当てはまることは受け入れるが、それ以外のことは無意識に排除する。あとに残るのは、自分自身と矛盾しない人物描写だけというわけだ。

「本物」を見抜く方法を知っておこう

占星術師や手相占い師が首尾よく使いこなすこうした手法は、コンサルタントやアナリストによってもうまく活用されている。

「XYZ株は、競争が激化しつつある環境においても著しく値上がりする可能性を秘めていますが、この企業には、開発チームが出したアイデアを実現する実行力が欠けています。経営陣に名を連ねるのは、この業界での経験が豊富なベテランばかりですが、官僚主義の要素も認められます。損益計算書を見れば、コスト削減の余地があるのは明らかです。

今後、マーケットシェアを確保しつづけるためにも、これからは新興国にもっと重点を移したほうがいいでしょう」

もっともらしく聞こえるが、どんな株に対しても間違いなく当てはまることばかりである。こういった言葉に、惑わされないようにしよう。

ところで、神秘的な力を持つという人たちの「質」を判断するにはどうすればいいだろう。たとえば、占星術師の能力を確かめるには、どんな方法をとったらいいだろうか？

占いの対象者を二〇人選んで、その人たちの性格を診断してもらおう。紙を二〇枚用意して、一枚につきひとりの性格を書きとめてもらう。

どの人の性格診断かが特定できないように、対象者にはあらかじめ一から二〇までの番号を割りふり、紙には名前のかわりにその番号を書いておく。占いの結果を書き込めるように、占星術師には各対象者の番号を知らせるが、対象者たちには自分がどの番号に該当するのかは知らせない。

そして占いが終わったら、対象者全員にすべての紙のコピーを配り、そのなかから自分の性格だと思うものを選んでもらおう。全員が（あるいはほぼ全員が）正しい一枚を選びとったら、その占星術師には本当に能力があるということだ。

いまのところ、私はそんな占星術師にただのひとりもお目にかかったことはないが。

31

満月のなかに顔が見えるわけ

【クラスター錯覚】

脳は「パターンや法則」を無意識のうちに探し出す

一九五七年、スウェーデンのオペラ歌手、フリードリッヒ・ユルゲンソンは、テープレコーダーを買って「自分の歌声」を録音した。再生すると、ところどころで宇宙人からのメッセージのような、おかしなざわめきやささやき声が聞こえた。

数年後、ユルゲンソンは「鳥の声」を録音した。今度は鳥の声の背後に、自分にささやきかける〝亡くなった母の声〟がした。「フリーデル、聞こえるかい？　母さんだよ」

それで心は決まった。ユルゲンソンは人生をがらりと変え、それ以降は主にテープレコーダーの録音を通して死者と交信することに専念した。

同じように、フロリダに住むダイアン・ダイサーという女性も、一九九四年に驚くような経験をしている。

トーストをひと口かじって皿に戻すと、そこに〝聖母マリアの顔〟があるのに気づいたのだ。彼女はすぐに食べるのをやめ、神からのメッセージ（そのトーストのことである）をプラスチックの容器に入れて、その後一〇年間保存した。

そして二〇〇四年の一一月、まだ比較的保存状態のよかったそのトーストはｅＢａｙのオークションにかけられ、二万八〇〇〇ドル（約三〇〇万円）で落札された。

思い起こせば、一九七八年、ニューメキシコに住む女性にも同じようなことが起きている。この場合はトーストではなく、トルティーヤだったが。生地の焦げた部分が〝キリスト〟のように見えたのだ。

メディアはこの話に飛びつき、さかんに報じた。すると数千人もが、とうもろこしの粉でつくった薄焼きパンにあらわれた救世主を見るためにニューメキシコに押しよせた。

その二年前の一九七六年には、火星探査機バイキングが、かなりの高度から人間の顔を思わせる火星の岩山を撮影した。〝火星の顔〟は一大センセーションを巻き起こした。

あなたにも、雲が人の顔に見えたり、岩が動物の形に見えたりした経験はないだろうか？　きっとあるだろう。ごく普通のことだ。私たちの脳は**「パターンや法則を探す」**ものなのだ。

それどころか、パターンや法則がないときは、それらをつくり出そうとする。テープレコーダーのざわめきのように、受けとるシグナルがぼんやりしていればいるほど、パターンは見つけやすくなる。

逆にシグナルがはっきりしているときは、パターンを見つけるのは難しい。〝火星の顔〟が発見された二五年後、火星探査機マーズ・グローバル・サーベイヤーが惑星表面の非常に鮮明な画像を撮影すると、顔そっくりに見えていたものは、ただの岩石にすぎないとわかった。

ほとんどのものは「単なる偶然」にすぎない

ランダムに起きる現象を脳が認めたがらず、なんらかのパターンや法則を見出そうとするこうした現象は、「クラスター錯覚」と呼ばれている。

これまでに挙げたようなたわいのない例を見るかぎり、「クラスター錯覚」は無害に思える。しかし常に無害とは限らない。

毎秒大量のデータを吐き出す金融市場に関する、こんな錯覚例がある。ひとりの友人が私に、データの海に次のような法則を見つけ出したと喜色満面で報告してきた。「ダウジョーンズの株価に原油価格を掛けた数字が、二日後の金の価格になるんだ」。つまり、「株価と原油が今日値上がりすると、あさっての金の価格も上がる」というのだ。

何週間かはこの法則が機能して、友人が投機に費やす額はどんどん増えた。だが最終的に、彼の蓄えは底をついてしまった。友人は法則のないところに無理やり法則を見つけ出していたからだ。

○××○××○××○○○×○○×○○。この並びは単なる偶然だろうか、それとも意図的なものだろうか？

心理学の教授、トーマス・ギロヴィッチは数百人にこの質問をした。するとほとんどの人が、この文字の羅列が偶然だとは思いたがらなかった。「そこにはなんらかの法則があるに違いない」と考えたのだ。

だが、そこには法則など存在しなかった。ギロヴィッチは回答者たちにその旨を告げ、この文字の並びはさいころの目のようなものだと説明した。「さいころを振っても、つづけて四回同じ目が出ることがあるが、あくまで偶然だ」と言ったのだ。多くの回答者は、その説明に唖然《あぜん》としたという。

私たちは、こうしたパターンが偶然形成されたとは考えようとしない。

第二次世界大戦中、ロンドンはドイツ軍の爆撃を受けた。投下された爆弾のなかには、「V1飛行爆弾」も含まれていた。自動的に目標まで航行して爆発する、一種の無人飛行機である。

飛行爆弾が落下した地点は、正確に地図上に記入された。ロンドンの住民は、その地図を見て驚愕した。〝爆弾の落下パターン〟を発見したと思い込んだのだ。彼らはそれをもとに、どの地区がもっとも安全かを特定するための理論を編みだした。

しかし戦後に行われた統計上の分析で、爆弾の落下地点は、「単なる偶然」によるものであることが判明した。今日《こんにち》ではその理由も明らかになっている。V1の誘導装置は、まったく正確さを欠いていたのだ。

結論。**私たちはすぐに「パターン」を見つけ出そうとする。だが、なんらかのパターンを見つけたと思ったときには疑ってかかろう。**

まずは「単なる偶然」と考えるようにしよう。偶然にしては出来すぎだと思えたら、数学の得意な人を探して、データを統計的に調べてもらうといい。

そしてマッシュポテトにたっぷりかかったソースがキリストの顔をかたどっていたら、自分自身にこう尋ねてみよう。「どうせ姿を現すのなら、なぜキリストはタイムズスクエアや夕方のニュースを選ばなかったのだろう？」と。

32

「期待」とは慎重に付き合ったほうがいいわけ

【ローゼンタール効果】

「予想」に激しく振り回される投資家たち

二〇〇六年の一月三一日、グーグルは二〇〇五年の第四・四半期の決算を発表した。売上：97パーセント増。純利益：82パーセント増。記録的な四半期業績である。

この驚くべき結果に、株式市場はどう反応したのだろうか？

グーグルの株価はその数秒後、16パーセント下落し、取引は一時停止になった。そして取引が再開されると、株価はさらに15パーセント下落し、関係者のあいだに大きなパニックが巻き起こった。

捨て鉢になったあるトレーダーはブログにこんな書き込みをした。「てっぺんから身を投げるのに一番都合のいい超高層ビルはどれだろう？」

いったい、どうしてこんなことが起きたのだろう？　グーグルが発表した決算は、ウォール街のアナリストたちの予想を大幅に下まわっていたのだ――そのせいで、グーグルの評価額は二〇〇億ドル（約二兆二〇〇〇億円）も下がったのである。

どんな投資家も、企業の業績を正確に予想するのは不可能だと知っている。業績が予想を下まわったことに対する反応は、本来ならば「予想がはずれたな。だけど間違えたのは自分だから」でなくてはならないはずだ。しかし投資家たちは、そんなふうには反応しない。

二〇〇六年一月、ネットワーク機器の製造販売を行うジュニパーネットワークス社がひと株当たりの利益額を発表したところ、その額はアナリストの予想を一〇分の一セント（！）下まわっていた。その結果、株価は21パーセント値下がりし、会社の評価額は二五億ドル（約二七〇〇億円）下落した。

発表に先がけて「期待」をあおられていると、その期待を下まわった額がどれほどわずかであろうと、過酷な罰が待ちうけている。

多くの企業は、アナリストの期待に応えられるよう多大な努力をしている。実際の利益がアナリストの期待する額に届かないのではという恐怖から逃れるために、「アーニングス・ガイダンス」と呼ばれる自社の業績予想を発表している企業もある。

しかし、あまり賢明な方策とはいえない。市場は、この社内における「期待」だけに注目するようになるからだ。それも、ずっと厳しい視線が注がれるようになる。最高財務責任者は正確な着陸を余儀なくされ、ありとあらゆる経理上のトリックを使わなくてはならなくなる。

しかしばかげた結果を引き起こす一方で、「期待」が賞賛に値する刺激として機能することもある。

先生に「期待」された子どもは、ＩＱが上昇した

一九六五年にアメリカの心理学者、ロバート・ローゼンタールは、いくつかの学校を対象にすばらしい実験を行った。

教師たちは、「〝ちょうど知力が伸びる時期〟にある生徒を特定できるテスト」が開発されたと思い込まされた。テストの結果、20パーセントの生徒がこの「ブルーマー（知力が伸びる時期にある人、才能を開花させる人）」に該当すると教師たちには伝えられたが、実際にはこの20パーセントは、〝無作為〟に選ばれた生徒たちだった。

一年後、ローゼンタールは**「ブルーマー」に選ばれた子どもたちのＩＱの上昇率が、それ以外の子どもたちの上昇率よりもはるかに高いことを発見した。**この作用は**「ローゼンタール効果」**（あるいはピグマリオン効果）として知られるようになった。

自分たちの行動を意識的に「期待」に適応させようとしたCEOや最高財務責任者とは対照的に、「ローゼンタール効果」では、教師たちは無意識のうちに「期待」の影響を受けた。

おそらく教師たちは期待感から、「ブルーマー」の生徒たちに自然と以前より大きな注意を払うようになったのだろう。その結果、「ブルーマー」の生徒たちの成績は上昇した。伸びる生徒だというテスト結果に教師がどのくらい強く影響されていたかは、彼らが「ブルーマー」の生徒たちの成績が上がると信じていただけでなく、性格にもよい変化があらわれるはずだと考えていたという事実が如実に示している。

「プラセボ効果」を自分に対して上手に使おう

では私たちは、自分自身の「期待」に対してはどう反応するのだろう？　その答えを教えてくれるのが、よく知られる**「プラセボ効果」**だ。

これは、科学的にはなんの治療効果もないはずの薬や治療法が効果を発揮するという現象である。「プラセボ効果」がどのように作用するのかはほとんど究明されていない。わかっているのは、**「期待」によって脳が変化し、それによって体全体に変化が起きる**ということだけだ。
そのため、アルツハイマー病の患者は「プラセボ効果」の恩恵にあずかることはできない。「期待」を形成する脳の領域が機能しなくなっているからだ。

結論。形はないが、「期待」には影響力がある。現実を変える力がある。

私たちは期待から逃れることができるのだろうか？　期待のない人生を送ることはできるのだろうか？　答えはノーだ。しかし、「期待」と慎重につきあうことならできる。

「あなた自身」と「あなたの大事な人」に対しては、大いに期待するようにしよう。そうすれば、あなたのモチベーションも彼らのモチベーションも上昇する。

一方で、株式市場のように「あなたがコントロールできないもの」に対しては、期待値を下げたほうがいい。矛盾して聞こえるかもしれないが、失望から身を守るための最良の方法は、期待を裏切られることを予想しておくことだ。

33 誰もヒトラーのセーターを着たくないわけ

【伝播バイアス】

「聖遺物」の前で行った敬虔な儀式が効力を持つ理由

あなたの前に「一枚のセーター」があるとしよう。洗いたてだが、それはかつてアドルフ・ヒトラーが着ていたものだという。あなたはそのセーターを着たいと思うだろうか？

九世紀にカロリング朝（現在のフランスを中心とする、西ヨーロッパの広い地域を支配したフランク王国の二番目の王朝）が分裂すると、ヨーロッパ、特にフランスは大きな混乱に陥り、伯、城代、騎士といった、地方の領主同士の争いが絶えなくなった。

傍若無人なつわものたちが農場を荒らし、女性に乱暴をはたらき、畑の穀物を踏みつぶし、司祭を連れ去り、修道院に火をつけた。教会も農夫も、貴族同士の常軌を逸した戦いにまったく抵抗できなかった。騎士と違って、武器を持っていなかったからである。

一〇世紀になると、フランス中南部のオーベルニュ地方の司教が、ある「アイデア」を思いついた。日を決めて広場で討論の場を持つことにして、領主や騎士たちに参加を求めたのだ。

司教や司祭や大修道院長たちは、その日までに「聖遺物《せいいぶつ》」をかき集め、広場に陳列した。亡くなった聖人の骨も、聖人の血がついた布の切れはしも、石もタイルも、とにかく聖人と少しでも関係のあるものはすべて並べられた。

そして司教は（当時、司教は地域の名士だった）、それらすべての聖遺物を前に、過度な暴力行為をやめること、非武装者に対する攻撃をやめることを集まった貴族に求め、その効果を強めるために彼らの顔の前に、聖人の血がついた布と聖人の骨を突き出してそれらを振ってみせたという。当時、聖遺物への畏敬の念は非常に大きかったに違いない。

このアイデアは効力を発揮し、各地で真似されるようになった。

一風変わったこうした良心への訴え方は、「神の平和（ラテン語：Pax Dei）」「神の休戦（ラテン語：Treuga Dei）」という平和運動に発展し、ヨーロッパじゅうに広まった。

「中世の人々の聖人と聖遺物に対する畏れを、けっして過小評価してはならない」とアメリカの歴史学者、フィリップ・デイリーダーは述べている。

聖遺物に対する畏れを持たないあなたなら、一笑に付すかもしれない。

だが、ちょっと待ってほしい。あなたは冒頭の質問になんと答えただろう？　あなたはヒトラーのセーターを着てみたいと思うだろうか？

おそらく、着たいとは思わないだろう。驚くべきことに、不可解な力に対する感情は、すっかり失われたわけではないのである。

ヒトラーの「セーター自体」は、いまやヒトラーとは関係もない。それなのにあなたは、そのセーターに嫌悪感を覚える。

「人とモノとのつながり」は目に見えなくても消えない

この種の不可思議な作用は、簡単に排除できるものではない。

ペンシルベニア大学のポール・ロジンと共同研究者たちは、被験者に「自分に近しい人の写真」を持ってくるよう求め、それらをダーツの的《まと》の中央にピンで留めて、矢を投げるよううながす実験をした。

母親の写真がダーツの矢で穴だらけになったとしても、実際には母親自身が痛みを感じるわけではない。それなのに、被験者たちのためらいは大きかった。

彼らのダーツの成績は、「写真のない的」を使った比較対照グループの成績より、ずっと悪かった。まるで、写真の的に狙いをつけるのを阻止する不思議な力が働きでもしたかのように。

「人とモノとのつながり」は、たとえそのつながりがずっと前に消滅していても、あるいは写真のように非物質的なものにすぎなくても、軽視できるものではない。この作用は**「伝播《でんぱ》バイアス」**と呼ばれている。

私の友人に、長いあいだフランスの国営放送「フランス2」の戦争特派員を務めていた女性がいる。カリブ海クルーズの乗客には、麦わら帽子や絵が描かれたココナツの実など、訪れた先々の島から毎回土産ものを持ち帰る人が多いが、彼女もまた、戸棚がいっぱいになるほどの記念品を戦場から持ち帰った。

彼女の派遣先のひとつに、二〇〇三年のバグダッドがあった。アメリカ軍がサダム・フセインの宮殿を制圧した数時間後、彼女はその宮殿の住居部分にしのびこんだ。そして食堂で金箔を貼ったワイングラスを六個見つけ、すぐにバッグに入れた。

パリにいる彼女を訪ねたときのことだ。彼女はそのグラスに注いでワインを出してくれた。その場にいた誰もがグラスの豪華さに感動した。「ギャラリー・ラファイエットで買ったの？」誰かが訊いた。

「実はこれ、サダム・フセインのワイングラスなのよ」なんでもないことのように彼女は答えた。

ある女性はそんなグラスでワインを飲まされたことに憤慨し、嘔吐するかのようにワインをグラスに吐き出して、激しく咳き込みはじめた。

私は思わず口を出さずにいられなかった。「フセインの肺に入ったのと同じ分子を、息をするたびにどのくらい吸い込んでいるのか君はわかってるのか？　ざっと一〇億はくだらないぞ」女性は一層ひどく咳き込みはじめた。

あなたなら、そのワイングラスを喜んで使いたいと思うだろうか？

34

あなたが常に正しいわけ

【歴史の改ざん】

「自分に都合の悪い昔の考え」は記憶から消去される

ウィンストン・スミスは、病弱でくよくよと思い悩みがちな三九歳の事務員だ。政府の「真理省」で働いている。古い新聞記事や記録を改ざんし、現在の状況に合わせるのが彼の仕事だ。重要な仕事である。過去を修正して、政府は絶対に過ちを犯さないという幻想をつくりあげることができれば、政府の権力はゆるぎないものになる。

ジョージ・オーウェルの古典『一九八四年』（早川書房、二〇〇九年ほか）で描かれているような歴史のこうしたでっち上げは、一般的に行われている。ぞっとするような話だが、あなたの脳のなかでも「小さなウィンストン」が働いているのだ。

さらに悪いことに、オーウェルの小説では、ウィンストンは意に反して仕事をこなすものの結局は体制に反抗するが、脳のなかにいるウィンストンは、あなたの願いや目標に調和するよう非常に効率よく過去の改ざんを行っている。

彼はあなたの記憶を優雅に、そしてやすやすと変えてしまうため、あなたはまったくそのことに気づかない。「小さなウィンストン」は、静かに、確実に、「都合の悪いあなたの昔の考え」を処理していく。そしてあなたはこんなふうに確信するのだ。「自分は常に正しかった」と。


一九七三年、アメリカの政治学者、グレゴリー・マーカスは、三〇〇〇人を対象に、賛否の分かれるいくつかの政治的な課題（たとえば麻薬の合法化など）についての姿勢を問うアンケートを実施した。回答者は「賛成」から「断固反対」までのどれかの選択肢に印をつけるよう求められた。

一〇年後、マーカスは以前の回答者に再び同じ質問をした。回答者はその際、「一〇年前に自分がそれらの課題についてどう考えていたか」も答えなくてはならなかった。

その結果、回答者たちは「一〇年前に考えていたこと」は現在とほぼ同じと答えたにもかかわらず、実際には、彼らの考えは一九七三年の答えとは大きく異なっていた。

自分の過ちを直視して気まずい思いをせずにすむように、私たちは無意識のうちに過去の見解を現在の見解に合わせている。それは、快適な戦略である。

どれだけ精神的にタフな人でも、自分の過ちを認めることには大きな抵抗を覚えるはずだ。よく考えれば矛盾した反応で、自分が間違っていることに気づくたびに歓喜の声を上げてもいいはずなのだが。

というのも、自分の間違いに気づいた瞬間に、誤ったものの見方から解放されて一歩前進することができるのだから。だが私たちはそんなふうには考えない。

鮮明に覚えている「あの日の記憶」は本当に正しいか？

それでは、「脳に正確に刻み込まれている記憶」というのは存在しないのだろうか？

あなたは二〇〇一年の九月一一日に自分がどこにいて、ニューヨークでテロが起きたと知ったときにどこに座っていたか（あるいは立っていたか）を正確に覚えているのではないだろうか？　そのとき誰と話をしていて、どう感じたか、はっきりと思い出せるに違いない。

二〇〇一年九月一一日のあなたの記憶は、この上なく鮮明で詳細なはずだ。心理学者がいうところの**「フラッシュバルブ記憶」**である。フラッシュをたいて撮った写真のように、鮮明で正確に感じられる記憶のことだ。

しかし実際には、この記憶も正確ではない。「フラッシュバルブ記憶」も、〝普通の〟記憶と同じくらい間違っている。「フラッシュバルブ記憶」は、あくまで〝再構築〟された記憶なのだ。

アメリカ・アトランタにあるエモリー大学の心理学者だったウルリック・ナイサーは「フラッシュバルブ記憶」についての調査を行っている。

一九八六年にスペースシャトルのチャレンジャー号が爆発した翌日、ナイサーは学生たちに、「この事故について具体的にどう感じたか」を文章で書かせた。

三年後、ナイサーは学生たちにもう一度同じ課題を出した。すると、**二度目の内容が一度目の内容と合致した割合は7パーセント以下だった。書かれていることの三分の二は50パーセントが間違っていて、25パーセントはまったく一致しなかった。**

ナイサーがひとりの女子学生に、彼女自身が以前に書いた文章を読ませたところ、その内容が自分の記憶と一致しなかった彼女はこう答えたという。「これは私の字ですけど、私がこんなことを書いたはずはありません」

「フラッシュバルブ記憶」がどうしてこれほど正確なものに感じられるのかは謎のままだ。原因はまだ明らかにされていない。

結論。人生のパートナーに出会った瞬間を、あなたはフラッシュを使って撮った写真のようにはっきりと覚えているだろう。だがその半分は間違いだと考えたほうがいい。**記憶は不正確なものだ。**「フラッシュバルブ記憶」のような、非常に鮮明に感じられるものでさえ正確さを欠いている。

記憶が間違っていてもまったく無害のこともあるが、致命的な結果を招くこともある。犯罪の目撃証言や、モンタージュ写真で犯罪者を特定するときなどがまさにそうだ。裏づけ捜査なしに目撃者を信用するのは軽率すぎる。もう一度犯人を見れば絶対にわかるはずだ、と目撃者がどんなに強く確信していたとしても。

35 下手に何か言うくらいなら、何も言わないほうがいいわけ

【無駄話をする傾向】

言葉が雄弁であればあるほど私たちはだまされる

「アメリカ人の五人に一人が、世界地図で自分の国が見つけられないのはなぜか?」と訊かれたサウスカロライナ州代表の「ミス・ティーン」(〝ティーン〟といっても高校を卒業している女性だ)は、テレビカメラを前にこう答えた。

「個人的な意見ですが、合衆国のアメリカ人はそれができないんだと思います。私たちの国には地図を持っていない人もいるからです。それに、私思うんですけど、私たちの教育は、たとえば南アフリカとかイラクみたいに、いろんなところでそんなふうで、それから彼らがしなければならないのは、ここアメリカの教育はアメリカを支援すべきで、南アフリカを支援すべきで、イラクとかアジアの国々を支援すべきで、そうすれば私たちの未来を築いていけると思うんです」

このＹｏｕＴｕｂｅの動画は世界じゅうを駆けめぐった。

何を言っているかはわからないがまあいいじゃないか、と言う人もいるかもしれない。だが、私はこういうミス・ティーンとかかわり合いになるのは勘弁願いたい。

では、次の文章はどうだろう？

「文化の伝承の再帰化は、けっして主観中心の理性と未来の歴史意識のあらわれのなかにあってはならない。我々が自由の間主観的な構成に気づく範囲において、自己所有物としてあらわされた自主性の所有的個人主義の仮象は崩壊する」

どの本からの引用かおわかりだろうか？　現代ドイツの代表的社会哲学者、ユルゲン・ハーバーマスの『事実性と妥当性』である。

ミス・ティーンとドイツの有名哲学者には、同じ傾向がある。**「無駄話をする傾向」**だ。**思考することを怠ったり、未熟だったり、ものを知らなかったりすると、頭のなかは「不明瞭」になる。そうした不明瞭さを覆いかくそうとすると、言葉があふれ出す。**うまく隠せるときもあるが、隠しきれないときもある。

ミス・ティーンの場合、この「けむに巻く作戦」は失敗した。ユルゲン・ハーバーマスの場合は機能した（少なくとも、読者はすぐには不明瞭さに気づかないからだ）。

「けむに巻く作戦」で語る言葉が雄弁であればあるほど、私たちはだまされやすくなる。

そこに「**権威への隷属《れいぞく》**」（権威のある人の意見は正しいと思い込みやすく、影響もされやすいという心理傾向）が加わると、無駄話は危険なものにもなりかねない。

明瞭な発言は、明瞭な思考から生まれる

「無駄話をする傾向」がもっとも顕著になるのは、スポーツ選手が話をするときだ。あわれなサッカー選手は、インタビュアーになんらかの分析をするよう迫られる。実際には「試合に負けた。それだけのことだ」以外に言いたいことはないだろうに。

だが司会者はどうにかして放送時間を埋めなくてはならない。それには自分がしゃべりつづけるとともに、スポーツ選手とトレーナーにもおしゃべりを強《し》いるのが一番だ。

私も「無駄話をする傾向」に何度もだまされてきた。若いころ、私はフランスの哲学者、ジャック・デリダに夢中だった。むさぼるように彼の本を読んだが、どれだけ集中して思索をめぐらせても少しも理解できなかった。

しかし、理解できないがためにデリダの哲学には秘密の学問のようなオーラがあり、私は一層のめり込み、デリダについての学術論文まで書いた。

だがいま思うと、どちらも無駄話だ。デリダも、私の学術論文もどちらもなんの役にも立たない。無知のせいで私は自らを、無駄な言葉を発するスモークマシンに変えてしまっ

ていたのだ。

そして、すでに例としても挙げたように、「無駄なおしゃべり」は学術の分野に蔓延《まんえん》している。

生み出した成果が少ないときほど、学者がおしゃべりになる傾向は強くなる。とりわけ「無駄話をする傾向」があるのは経済学者だ。彼らのコメントや経済予測を読んだり聞いたりすればすぐわかる。同じことは、個々の企業にも当てはまる。

企業の業績が悪いときほど、ＣＥＯの無駄話は多くなる。行動における無駄話も同様で、過度に動きまわるようにもなる。

賞賛に値する例外は、ゼネラル・エレクトリック社のＣＥＯだったジャック・ウェルチだ。彼はあるインタビューでこう話している。「信じられないかもしれないが、単純明快でいるのはひどく難しい。普通は周りから単純なやつだと思われるのを恐れるが、本当は難解なやつだと思われることこそ心配すべきなんだ」

結論。「無駄話」をすれば無知を隠せる。ものの言い方が不明瞭なとき、話し手は自分の言っていることがわかっていないのだ。

言葉は、思考の鏡だ。思考が明瞭であれば発言も明瞭になるが、思考が不明瞭であれば発言は無駄話にしかならない。

しかし厄介なことに、私たちが本当に明瞭な思考ができていることはとても少ない。世界は複雑で、たったひとつの観点を理解するにも、じっくりと思考をめぐらさなくてはならないからだ。

ひらめきのようなものが得られるまでは、アメリカの作家、マーク・トウェインの助言にしたがったほうがいい。「言うことがなければ、何も言わないことだ」

単純明快であることは、長く困難な道のりのスタート地点ではなく、ゴールなのだ。

36

「王者」になったほうがいいわけ

【ねたみ】

ねたみは「不合理な行動」を引き起こす

次の三つの状況のうち、あなたをもっともいらだたせるのはどれだろう？
（A）あなたの友人たちの平均収入は増える一方だが、あなたの収入は横ばいのまま。
（B）あなたの友人たちの平均収入は横ばいだが、あなたの収入は減っている。
（C）あなたの友人たちの平均収入は減っていて、あなたの収入も減っている。
あなたが選んだのは（A）の答えだろうか？　安心してほしい。あなたはけっしておかしいわけではない。人をねたましく思うのは、ごく普通の感情だ。

ロシアにこんな話がある。農夫が魔法のランプを見つけた。ランプに触れると、どこからともなく精霊があらわれ、願いを確実にかなえてくれると言う。

農夫はしばらく考えたあと、こんなふうに答える。「隣の家には牛がいるが、家にはいない。隣の牛がぽっくり死んでくれるといいんだが」

ばかげた話に思えるかもしれないが、おそらくあなたにもこの農夫の気持ちは理解できるのではないだろうか。

あなたも同じような気持ちを抱くときがあるはずだ。同僚には多額のボーナスが出たのに、あなたには出ない。そんなとき、あなたには「ねたみ」の感情が湧き起こる。**「ねたみ」を感じると、私たちはいろいろと不合理な行動をしてしまう。**あなたはもうその同僚に手を貸そうとはしなくなるだろうし、彼の計画を妨害したり、それどころか彼のポルシェのタイヤをすべてパンクさせたりするかもしれない。そして彼がスキーに出かけて足でも折れば、ひそかに歓声を上げるのだ。

さまざまな感情があるなかで、もっとも愚かしいのは「ねたみ」である。なぜだろう？**怒りや悲しみや恐怖とは対照的に、ねたみは比較的簡単に排除することができるからだ。**

有名な投資家のチャーリー・マンガーはこんなふうに言っている。「自分より早く裕福になりそうな他人のことを気にするのは大罪だ。ねたみはばかげた罪だ。誰かをねたんでみてもひとつも楽しいことはない。苦痛を感じるだけだ。なのに、どうしてそんな道を選ぼうとするのだろう？」

あなたと「似ている人」にしかねたみは抱かない

「ねたみ」はいろいろなものに対して湧き起こる。所有物、地位、健康、若さ、能力、人気、美しさ。身体的な反応が同じであることから、「やきもち」と混同される場合も多い。しかし「ねたみ」はふたりの人間がいれば生じる感情であるのに対して、やきもちは三人の人間がいなければ成立しない（ペーターは、恋人が知らない男と話しているのを見てやきもちをやいた、など）。

「ねたみ」が面白いのは、主に、**年齢や職業や暮らしぶりの似ている相手がその対象になる**という点だ。

私たちは前世紀の企業家をねたんだりはしない。植物や動物にねたみを感じることもない。地球の反対側に住む億万長者をねたむこともないが、近くに住む億万長者にはねたみを感じる。

作家を職業にしている私は、音楽家や会社の経営陣や歯医者の成功をねたむことはないが、ほかの作家にはねたみを感じる。そのことはアリストテレスも承知していたようで、こんなことを言っている。「陶芸家は陶芸家をねたむものだ」

「行動の過ち」がもとでねたみが生じることもある。

あなたは経済的な成功をおさめ、チューリヒの庶民的な地区から抜け出して、湖畔にある高級住宅街へ引っ越すことになったとしよう。

最初の数週間は、チューリヒ湖に映る夕日や新しい住所を告げたときの友人たちの反応を楽しんでいたが、間もなくあなたは自宅を取りかこむ邸宅の大きさに気づく。自分との比較の対象となる新しい隣人たちは、以前よりもずっと裕福な層なのだ。

こうなると「ねたみ」や社会的地位にまつわるストレスが生じるのは避けられない。

自分がトップに立てるような「得意分野」をつくる

「ねたみ」は、いったん発生してしまうと、取りのぞくのは難しい。けれども「ねたみ」を避けることならできる。

まず、「人と自分を比較する」のをやめることだ。

それから自分の「能力の輪」（自分が本当に得意とし、習熟できる分野のことで、拙著『Think clearly』一三六ページ参照）を見つけ、その輪をあなたが独占できるような状況をつくり出すこと。つまり、**「自分がトップに立てるような得意分野」をつくる**のだ。あなたが能力を発揮できる輪の大きさはどれほど小さくてもかまわない——**重要なのは、あ**

なたがその分野の「王者」でいられることだ。

すべての感情がそうであるように、「ねたみ」の起源も私たちの進化の過程にある。隣の洞窟に住む者に獲物の大部分を持っていかれたら、残りの者はわずかな取り分しか手にできない。「ねたみ」は、そういったことに対して対策を講じようとする原動力になる。

狩猟採集社会において「ねたみ」を持たなかった者は、遺伝子プールから消滅したか、極端な場合は、ほかの者が獲物を味わっている一方で餓死してしまっただろう。私たちは「ねたみ」の感情を持った者たちの子孫なのである。

ただし、現代では「ねたみ」で生死が分かれることはない。私の隣人がポルシェを買ったからといって、私から何かを奪ったことにはならないからだ。

私が誰かに「ねたみ」を感じている様子を見せると、妻は落ち着いた声で必ず私にこんなふうに言う。「あなたがねたみを感じていいのは、あなたがこうなりたいと目標にしている人に対してだけよ」

37 都合よく並べ立てられたものには注意したほうがいいわけ

【チェリー・ピッキング】

「都合の悪いものは極力見せたくない」心理がある

ホテルは、できるかぎりよい印象を与えられるようなウェブサイトづくりをする。掲載する写真は入念に選ばれる。見栄えのいい高級感のあるものが載せられ、部屋の蛇口の水漏れや趣味の悪い内装の朝食会場など、あまり好ましくないものは排除される。

もちろんあなたのほうでもそのことは承知していて、チェックインをしているロビーがみすぼらしくても、ただ肩をすくめるだけだろう。すべてがウェブサイトの印象どおりだとはあなたも期待していない。

このホテルがしていることは「チェリー・ピッキング」と呼ばれている。**たくさんの事例のなかから自分に都合のいいものだけを並べ立てることだ。**

車や不動産や弁護士事務所のパンフレットを眺めるときも、ホテルに足を踏み入れるときと同じように、あなたはあまり大きな期待を持たずに内容を吟味する。パンフレットにはよいことしか書かれていないとわかっているため、あなたがそれをすべて鵜《う》呑《の》みにすることはない。

だが、企業や財団や公的機関の業務報告書に対してはそうではない。あなたはそうした文書には、客観的な事実が書かれているだろうと考える。

しかしそう思うのは間違いで、そういう組織でもチェリー・ピッキングは行われている。**実現できた目標は大きく扱われるが、実現できなかった目標については言及すらされない。**

あなたはある部署のトップを務めているとしよう。あなたは経営陣に、自分が統括する部署の現在の状況についてプレゼンテーションをするよう要請される。

あなたはその内容をどんなふうにまとめるだろう？　おそらく、パワーポイントのスライドの大半は「達成できた目標」の説明に使い、それ以外のスライドには「これからの課題」を挙げるのではないだろうか。「達成できなかった目標」については伏せておくに違いない。

特に気を引きしめてかからなくてはならないのは、エピソードにまつわるチェリー・ピッキングだ。

あなたは技術機器を製造する企業の経営者だとしよう。アンケートを実施すると、顧客の大多数があなたの製品をうまく使えていないことがわかった。操作が複雑すぎるのだという。だが人事部長は手を挙げてこんな発言をする。「私の義理の父は昨日初めてこの製品を手にしたんですが、すぐに使い方を理解できましたよ」

あなたはこの発言をどのくらい重視するだろうか？　そう、ほぼ無視してしまってかまわない。

だが、こうした「エピソード」を無視するのはたやすいことではない。なぜなら、それは小さな物語だからだ。**私たちの脳は「物語」に対して抵抗力がなく、「エピソード」にはつい耳を傾けてしまいがちだ。**身近な人の話を具体的にされると、熱心に聞いてしまい、単なる一例にもかかわらず、大きくとらえてしまう。

抜け目のない経営者ならば、キャリアを積む過程で「エピソード」に対してはアレルギー反応を起こすよう自己訓練をしていて、こうした発言はすぐに却下する。

「達成できなかったこと」のほうに目を向けてみよう

「チェリー・ピッキング」が行われるのが〝高尚な〟分野や〝社会的地位のある〟分野であればあるほど、私たちはそれを見抜けなくなる。

ナシーム・タレブは著書『反脆弱性』で、哲学でも医学でも経済学でも、あらゆる分野における研究の成果がどのような形で誇示されているかを記している。「大学の研究機関は、自分たちが私たちのためになる何をしたかを語るのは得意だが、私たちのために何をしなかったかについては語らない」。まさにチェリー・ピッキングそのものである。

しかし、**私たちは学術分野に強い敬意を抱いているため、それに気づくことができないのだ。**医学を例にとって見てみよう。

過去七〇年のあいだに医学が社会にもたらした最大の貢献は、人々に「禁煙」を勧めたことだ。第二次世界大戦以降に行われたどんな医学的研究よりも、どんな医学的進歩よりも、社会的な貢献度は禁煙のアドバイスのほうが上まわる。医師のドルイン・バーチも、著書の『Taking the Medicine（薬を飲むこと）』（未邦訳）でその事実を認めている。

だが私たちは、医学界が重要な発明だと強調するもの（たとえば抗生物質など）のほうに注意を逸らされてしまうために、「薬の研究者」だけが褒め称えられ、「禁煙活動家」はさほど評価を受けないという結果になる。

大企業の管理部門も、ホテル経営者のように自分たちの「よい面」しか見せようとしない。達成した業績を示すのは得意だが、自分たちがもたらせなかった利益については語らない。

彼らから「客観的な情報」を得るにはどうすればいいのだろう？

もしあなたがその組織の監査役を務めているなら、**「失敗に終わったプロジェクト」や「実現できなかった目標」など、彼らが「達成できなかったこと」について必ず尋ねるようにしよう。**そうすれば、彼らの成功について聞くよりずっとその組織を知ることができる。驚くべきことに、こうした質問をする人はめったにいない。

それから、コストを最後の一セントまで厳密に精査するような財政監査を行うより、「目標」についてチェックしよう。

あなたはきっと、当初立てられていた目標がいつの間にか雲散霧消していることに気づいて驚くに違いない。そのかわり、彼らはいつの間にかこっそり別の目標を立てているはずだ。もちろん、彼らが確実に達成できる目標ばかりだろう。

「独自に設定した目標」という言葉を耳にしたら、要注意。それでは、壁に向けてダーツの矢を放ち、その矢が刺さった場所の周りに的の絵を描くようなものだ。

38

プロパガンダが効果を発揮するわけ

【スリーパー効果】

兵士たちの「戦意」が上がったり下がったりするわけ

第二次世界大戦中、どの国でも「プロパガンダ映画」が製作された。兵士だけでなく国民全体が、祖国のために戦い、場合によっては死ぬ覚悟を求められていた。

アメリカはプロパガンダ映画のために多額を投資していたため、旧陸軍省は一九四〇年代に、費用のかさむ映画製作が本当に割に合うのかを調べることにした。数多くの調査を実施し、「一般的な兵士の行動がプロパガンダ映画を見たあとにどう変化するか」を突き止めようとしたのだ。

結果は期待はずれだった。映画は、兵士の戦意高揚には少しもつながっていなかった。映画の出来が悪かったのだろうか？　そうではない。兵士たちの行動が変化しなかったのは、それがプロパガンダ映画だということが初めから明らかだったからだ。

映画が伝えようとしていたメッセージの信頼性が、上映される前にすでに損なわれていたのである。映画のなかで主張されている論理にもっと説得力があったとしても、もっと感動的なつくりになっていたとしても、同じように映画は効力を発揮しなかっただろう。

ところが、二か月後、予想外のことが起きた。心理学者が戦争に対する兵士たちの考え方を再度調べたところ、二か月前に映画を見ていた兵士は、見ていない兵士よりも戦争に対して高い共感を示していた。プロパガンダ映画にはやはり効果があったのだ！

研究者たちは首をひねった。すでに当時、「説得力」というものは時間とともに弱まることが明らかだったからだ。

説得力は、時間とともに効力をなくしていく。あなたにも覚えがあるだろう。たとえば、遺伝子治療についての記事を読んだとして、その直後は記事で紹介されていた技術に夢中になるが、何週間か経つと、どうしてそれほど夢中になっていたのかわからなくなる。それからさらに数週間が経つと、読後に感じた興奮はもうほとんど残っていない。

だが驚くべきことに、プロパガンダの場合はまったく逆のことが起きる。プロパガンダの影響は時間とともに強くなるのだ。

どうして、そのようなことが起きるのだろう？　この不可解な現象を、アメリカ旧陸軍省の調査を率いた心理学者のカール・ホブランドは**「スリーパー効果」**と名づけた（行動すべきときが来るまで敵国に潜み、一般市民として生活する工作員を指す『スリーパー』という言葉に由来している)。

いまのところ、この現象が起きる理由としては、「情報源に関する知識は、情報の内容よりも崩壊するのが速いためではないか」とする説が有力である。

つまり、脳は「情報の入手先(国が製作したプロパガンダ映画)」は比較的速く忘れてしまうが、「情報そのもの(戦争は必要であり、よいことなのだ)」はすぐには忘れないということだ。

そのため信用度の低い情報源から得た情報でも、時間とともに信用の度合いは上がっていくというわけである。そのメッセージにおける信頼性の低い要素は、メッセージの内容が忘れられるより速く消え去ってしまう。

「情報源」は速く忘れるが、「情報そのもの」は残る

アメリカの選挙戦には、対立候補を中傷する不快なＣＭがつきものだ。

そうしたＣＭの最後には、必ず「スポンサー名」をはっきりと表示するよう法律で定められている。そのため視聴者には、それが選挙のプロパガンダだということははっきりとわかる。

にもかかわらず、「スリーパー効果」は効果を発揮していることが、多数の調査によって裏づけられている。

特に効果があるのは、「誰に投票するかを決めていない有権者」に対してだ。CMのスポンサー名は忘れてしまい、その不快な内容だけが頭に残るからである。

これまで私は、どうして広告に効果があるのかを不思議に思うことが多かった。広告のメッセージは、それが何かの広告であるとはっきりとわかるようになっている。明晰な思考の持ち主なら、すぐにそれを客観的に認識して無効化することができるはずである。

それなのに、あなたのような知的な読者に対しても広告は効果を発揮することがある。**おそらく何週間か経つと、その情報の出どころがきちんとした調査にもとづく記事だったか、そこらで目にしただけの広告だったかがわからなくなってしまうから**だろう。

「スリーパー効果」は、どうすれば阻止することができるだろう?

まず、自分から求めたわけでもない助言は、役に立ちそうに思えたとしても受け入れないようにしよう。そうすれば、心理的な操作からある程度身を守ることができる。

次に、広告にひどく汚染されていると思われる情報源からはできるだけ距離を置こう。幸いにも、書籍には(まだ)広告はさほど掲載されていない!

そして最後に、なんらかの主張に出くわしたときには必ず「情報源」を覚えておくようにしよう。誰が主張しているのか、なんのために主張しているのか？　探偵にでもなったつもりで、こう考えてみるのだ。この主張は、誰の利益になるのだろう、と。そう考えるのはかなり骨が折れるし、あなたの思考速度は遅くなる。けれどもその分、思考はずっと明晰になる。

39

ハンマーを手にすると、何もかもが釘に見えるわけ

【職業による視点の偏り】

誰もが「自分の得意分野」に偏ったものの見方をする

ある男が融資を受けて会社を設立したが、会社はすぐに倒産してしまった。男はうつになり、自ら命を絶った。あなたはこの話をどう解釈するだろうか？

経営学者なら、起業が失敗に終わった理由を知りたいと思うだろう。その男性にはリーダーの資質がなかったのだろうか？　戦略が間違っていたのだろうか？　市場が小さすぎたのだろうか？　それとも競争が激しすぎたのだろうか？

マーケティングの専門家なら、ターゲット層の設定を間違えたのでは、と推測するだろう。金融の専門家なら、融資は正しい資金調達方法だったのかと思案するだろうし、地元のジャーナリストならこの話を格好のネタとみなすかもしれない。なにせ男性は自ら命を

絶ったのだ！

作家なら、この出来事をどうすればギリシャ悲劇のような物語に発展させられるかと頭をひねるだろう。銀行家なら融資部のミスだと考えるだろうし、社会主義者なら資本主義の落とし穴だと、信心深い人は神の罰だと、精神科医はセロトニンの低下によるものと考えるかもしれない。

だがいったい、どれが「正しい」視点なのだろう？

どの視点も正しくない。「道具がハンマーしかない者は、どんな問題のなかにも釘を見るものだ」というのはアメリカの作家、マーク・トウェインの言葉だが、このフレーズは、**誰もが自分の得意分野に偏ったものの見方をするという、「職業による視点の偏り」傾向**をみごとに言いあらわしている。

同じ現象をチャーリー・マンガーは、トウェインの言葉にちなんで「ハンマーを持った男の心理傾向」と呼んでいる。

この傾向について、マンガーはこんなふうに言っている。「経済学者、エンジニア、マーケティングマネージャー、投資マネージャー、あるいはほかのどんな仕事でも、その職業に就くためには専門の教育を受ける。そうして自分の専門分野内の限られた思考モデルだけを身につけて、その周辺に留まって、遭遇する問題をすべてそのわずかな思考モデルを使って解決しようとする」

自分の専門とは大きく離れた「思考モデル」を身につける

たとえば、外科医はほぼすべての医学的な問題を「外科的な処置」で解決しようとする。担当する患者の症状は、ひょっとしたら外科治療以外でも改善するかもしれないというのに。

軍人なら、まずは「軍事的な解決法」を検討する。建築技師は「建築上の解決策」を考える。トレンドウォッチャーと呼ばれる人は、あらゆるもののなかに流行を見いだそうとする（世界でもっとも馬鹿げたものの見方のひとつだ）。

私たちは、問題のもっとも重要なポイントを尋ねられると、たいてい「自分の得意分野」のなかにある項目を挙げるものだ。

しかし、そのどこに問題があるというのだろう？　自分の得意な知識を活用するのは、よいことではないのだろうか？

だが、「職業による視点の偏り」は害になることもある。自分の得意分野におけるものごとへの対処法を、それがまったくそぐわない場所で使用する可能性があるからだ。

こんな場面を目にしたことがあるのではないだろうか。母親になった女性が自分の夫を子どものように扱ったり、教師が友人を教え子のように叱りつけたり、エクセルのスプレッドシートが普及してから、何にでもスプレッドシートが使われるようになったり……、スタートアップ企業の評価や出会い系サイトで偶然見つけた恋人候補の評価にエクセルを使っても、なんの役にも立たないのだが。

自分の得意分野においても、「ハンマーを持った男」はハンマーを酷使しすぎる傾向がある。たとえば書評家は、いたるところから著者のほのめかしや隠されたメッセージや何かを象徴している部分を読みとるのが習慣になっている。

ただ、私も小説を書いているからわかるのだが、彼らは著者が何も意図していないところからも、ほのめかしや隠されたメッセージや何かを象徴している部分を見つけ出す。そういう指摘を見るにつけ、私は、中央銀行総裁のなんでもない発言に、金融政策の方針変更の意図を読みとる経済ジャーナリストを思い出す。


結論。脳はすべてのデータ処理を行う中央コンピュータではない。脳の機能はむしろ、いろいろな道具がひとつにまとめられているスイスのアーミーナイフに近い。

ただし、残念ながら私たちの脳は不完全なアーミーナイフで、たくさんの刃やドライバーが欠けている。私たちが身につけている思考モデルはほんのわずかだ。

だから自分の脳に、二、三の道具を追加するよう心がけよう。あなたの「得意分野」から大きく離れた思考モデルを習得するのだ。

私はここ数年のあいだに世界を生物学的な視点からとらえることを学び、それによって複雑なシステムを違った方向から解釈できるようになった。音楽家の友人は、経営学の視点を身につけた。

あなたに不足しているものは何かを考え、その分野で有益な思考モデルを探そう。

新しい分野の重要な思考モデルをいくつか自分のものにするには一年ほどかかるが、それだけの価値はある。あなたのアーミーナイフが充実して用途が広がるばかりか、思考も明晰さを増すだろう。

40

成功の決定的な要因が「運」であるわけ

スキルの錯覚

次々と会社を成功させる人がほとんどいないのはなぜ？

企業家のうち、次々と会社をおこしてそれらを成功させる人が少ないのはなぜだろう？ スティーブ・ジョブズやイーロン・マスクやリチャード・ブランソン（英ヴァージン・グループ創業者）の名前はよく知られているが、彼らはごく少数派だ。**会社の創業者のうち複数の会社を成功させている人は「全体の1パーセント以下」にすぎない。**そのほかの企業家は、会社を成功させたあとは早々に引退して、自分のプライベートヨットにでも引きこもってしまったのだろうか？

たしかに、マイクロソフト社の共同創業者だったポール・アレンのように、なかには早い段階でリタイアしてしまう人もいるが、それが理由だとは思えない。企業家と呼ばれる人たちは、ずっとデッキチェアでくつろいでいられるようなタイプの人々ではないからだ。

では新しい会社を起こせないのは、六五歳になるまで愛着のある自分の会社を手ばなせないことが原因だろうか？　それも違うだろう。

創業者は、自分の持ち株を会社設立後一〇年以内に売ってしまう場合がほとんどだ。能力と人脈と名声を持つやり手の企業家たちは、多くの会社を立ち上げられるだけの完璧な条件を備えているはずだ。それなのに、なぜ彼らは一度しか会社を設立しないのだろう？状況に合致する合理的な答えはひとつしかない。**成否を分けるのは、スキルや能力より、運なのだ。**

この事実を進んで認めたがる企業家はいないだろう。私も、この「**スキルの錯覚**」について初めて耳にしたときにはこう思った。「私の成功は、単なる偶然によるものだっていうのか？」と。自分が成功できたのは運がよかったからだと聞けば、誰でも最初は不快に思う。成功を手にするために懸命に努力してきた場合は特にそうだ。

「漕ぎ方」よりも「ボートの性能」のほうが重要である

だが、冷静になって考えてみよう。会社が成功するのは、どのくらいが運によるもので、どのくらいが懸命に働いた結果や特別な才能によるものなのだろう？

私は何も、どちらかひとつあれば成功できると言いたいわけではない。もちろん才能は必要だろうし、努力なくして成功もありえない。しかし残念ながら、**成功の決定的な要因は能力でも努力でもない。それらは必要な要素であるが、決め手にはならない。**

なぜそう言いきれるのかといぶかしく思うかもしれない。でも、ちょっと考えてみてほしい。長期にわたって成功している人たちを比較したときに、能力の高い人のほうが成功している期間が決まって長いというのであれば、能力は決定的な要因ということになる。だが、それが会社の創業者には当てはまらないのは明白だ。

能力で成功できる期間が決まるのなら、最初の会社を成功させたあと、ほとんどの人はなんの問題もなく二社目、三社目、四社目の会社も成功させているはずだからだ。

経営陣についてはどうだろう？　経営陣の力は、会社の成功にとってどのくらい重要なのだろうか？

研究者たちは経営陣の特質やふるまい（経営方針や戦略の質など）と、その経営陣が在任中の企業価値の向上との関連性を調査した。

無作為に選んだ二社ずつを比較したところ、「力のある〝強い〟ほうのＣＥＯが率いる会社」のほうが強かったケースは全体の60パーセント、「〝弱い〟ほうのＣＥＯが率いる会社」のほうが強かったケースは40パーセントという結果が出た。

つまり、ＣＥＯの能力を考慮に入れずに二社ずつを比較したとき（その場合、割合は当然のことながら50パーセントずつになる）と、**ＣＥＯの能力を考慮に入れて二社ずつを比較したときの割合の差は、わずか10パーセントしかなかった**のである。

ダニエル・カーネマンはこのことに対して、こんなコメントを述べている。「有能なビジネスリーダーの本を熱心に読む人は多いが、実際には、彼らが会社を率いても業績が上がる可能性は大幅にアップするわけではない」

ウォーレン・バフェットも、ＣＥＯを崇拝するのはまったく意味のないこととみなし、こんなふうに述べている。「**経営者としてのあなたの業績は、あなたの漕ぎ方が効率的かどうかより、あなたが乗っているボートの性能によって決まるところが大きい**」

コンサルタントを崇拝しすぎないほうがいい理由

能力がまったくなんの影響もおよぼさない分野もある。著書の『ファスト＆スロー』（早川書房、二〇一四年）でカーネマンは、資産運用会社を訪ねる準備をしていたときのことについて記している。

資料として、カーネマンのもとには「投資コンサルタント」一人ひとりの過去八年間の業績を示すスプレッドシートが送られてきた。そこでは、一位、二位、三位……と各投資コンサルタントが業績に応じて毎年ランクづけされている。

そこでカーネマンが一年前と二年前、一年前と三年前、一年前と四年前というように、最後の七年前と八年前にいたるまでランクづけの相関関係を算出してみたところ、それらの結果は「単なる偶然」にすぎないことがわかった。

ある年には上位にランクづけされているコンサルタントでも、別の年には最下位グループに入っているときもあった。その年にトップの成績を上げたとしても、そのコンサルタントの過去の業績まですばらしいわけではないし、今後もよい業績を上げつづけるとは限らない。業績は、コンサルタントの能力によって決まるわけではないのだ。

それにもかかわらず、コンサルタントのボーナスはその年の業績に応じて決められる。その会社は個人の成果ではなく、偶然の結果に報酬を与えていたのである。

結論。自らのスキルで生計を立てている人はいる。パイロットや板金工や弁護士などがそうだ。会社の創業者や経営陣など、能力は必要だがそれだけが成功の決定的要因にはならない分野もある。

けれども「単なる偶然」だけで成否が分かれてしまう分野もある。たとえば金融業界はそうした分野のひとつで、金融の世界には「スキルの錯覚」が蔓延《まんえん》している。

だから板金工には相応の敬意を持って接し、反対に金融界の成功者のことは、崇拝しすぎないように気をつけよう。

41

知識が転用できないわけ

【領域依存性】

自分の専門以外の例を出されるとわからなくなる

思考の誤りについての本を書くと、いろいろとよいことが起きる。経済界のリーダーや投資家たちから、「思考の罠」をテーマにした講演依頼が来るようになった。講演料も悪くない（そうしたオファーをすること自体、実は「思考の誤り」なのだが。なぜなら、講演を依頼するより本を買ったほうがずっと安くすむからだ）。

医学会議における講演で、こんなことがあった。私は、「基準比率の無視」について話をしていた。「基準比率の無視」というのは、本来基準とすべき情報（基準比率）を忘れて、統計結果の数字だけに目を向けることで事実を誤認してしまう傾向のことである。

たとえば、がん患者が受けると85パーセントの確率で陽性である検査があったとして、自分がその検査を受けて陽性だったら、85パーセントの確率でがんを患っていると考えがちだ。

だが実際には、がんであっても陰性になる場合や、がんではなくても陽性になる場合もありえるため、85パーセントは自分ががんである確率を表す値ではない。自分ががんである確率を把握するために必要な情報（基準比率）は、検査で陽性になった人のなかでがんに罹患している人が何名いるかなのだが、私たちはそのことをつい忘れてしまう。

私はこの思考の誤りについて、「医学界」に例をとって説明していた。

四〇歳の男性が胸に刺すような痛みを訴えたとしよう。それは心臓疾患によるものかもしれないし、ストレスによるものかもしれない。しかし胸痛は、ストレスが原因で起きる場合のほうがずっと多い（つまり診断の基準とすべき情報「基準比率」はストレスのほうが高い）。

そのため対処法として望ましいのは、まず患者のストレスをチェックすることだ。

当たり前の論理として、会議に出席していた医師はみな直観的に理解してくれた。それなのに、今度は別の業界、「経済界」に例をとると、ほとんどの医師は思考の罠に陥った。

「投資家向け」に講演を行っているときにも同じことが起きた。思考の誤りを「金融関連」の例を挙げて説明すると、彼らはすぐに理解した。だが「生物」に関して例を取り上げると、多くの人は思考の罠に陥った。
つまりものごとに対する洞察力は、分野を越えて発揮されるわけではないのだ。

チェスのプレーヤーはチェス以外はうまくできない

この現象は「領域依存性」と呼ばれている。ナシーム・タレブは「領域依存性」についてこんなふうに書いている。

「チェスのプレーヤーはチェスの問題を解くのが得意だ。だが、彼らの能力が発揮されるのはチェスに関してだけだ。私たちは、能力というのはある領域から別の領域へと移行可能なものだと考えがちだが、けっしてそうではないのだ」

経済学者のハリー・マーコビッツは、「ポートフォリオ選択論」で一九九〇年のノーベル経済学賞を受賞した。マーコビッツはこの論文で、リスクや収益性を考慮したポートフォリオの最適な作成法を記している。

ところが、自分の貯蓄を株と債券に分散させる段になると、マーコビッツは単純に五〇対五〇の割合を選んだ。半分を株に、残りの半分を債券に投資したのである。

ノーベル賞を受賞した経済学者は、自分で練り上げた論理を自分自身の投資には活かせなかったのだ。「領域依存性」の極端な例である。マーコビッツは、学術の領域から私的な領域へ能力を移行することはできなかったらしい。

リスクをいとわないバカンスの過ごし方をすることで有名な友人がいる。張り出した絶壁に素手でアタックしたり、ウイングスーツ（滑空用ジャンプスーツ）で山頂から飛びおりたりしている彼は、先週私に、自分で事業をはじめると危険だと思う理由を話してくれた。破産する可能性を排除できないからだという。

「個人的には、死ぬよりも破産するほうがいいけどね」私はそう答えたが、彼はなぜ私がそう言ったのか理解できないようだった。

作家である私も、能力をほかの領域に移行させることの難しさを実感するときがある。私は、作品のプロットやキャラクターは容易に考えられる。まだ何も書かれていない真っ白なページを見ておじけづくこともない。

けれども空っぽの住居となると話は別だ。ズボンのポケットに手を入れたまま、空っぽの部屋に何時間立っていたところで、インテリアデザインに関する創造的なアイデアなどまったく浮かんでこない。

能力が発揮できる領域は限定されている

ビジネスの世界には「領域依存性」があふれている。

トップの売上を誇る消費財の販売員がソフトウェア会社に引き抜かれても、その販売員が新しい職場で突出した業績を上げられるわけではない。その人の販売能力を、カスタマーサービスの領域に移行させることはできないからだ。

少人数の前ではすばらしい司会を務める人でも、一〇〇人の観客を前にすると無力になるし、独創的なマーケティングのアイデアの持ち主がＣＥＯに抜擢されても、戦略に関して創造力を発揮できるわけではない。

マーコビッツの例で明らかなように、**職業上の能力を私的な領域に移行させるのはとりわけ難しい**。会社ではカリスマ的なリーダーなのに、家庭では能力を発揮できないＣＥＯを何人も知っている。

健康の番人であるはずの医師ほど、喫煙者の割合が高い職種はない。警官が自分の家族に暴力をふるうケースは、一般市民が家族に暴力をふるうケースの倍もあるという。文芸評論家が書く小説は決まって評判がよくない。これはすでに有名な話だが、カップルセラピーのセラピストの結婚生活は、彼らのクライアントの結婚生活よりもだめになる頻度が高い。

結論。ひとつの領域で突出した能力を発揮していても、それを別の領域に移行させるのは不可能に近い。学校で得た知識でも同じだ。

クラス一の秀才だった同級生のことを考えてみるといい。いま社会的な成功をおさめているのは、あなたのほうではないだろうか?

ある分野ですばらしい能力を発揮できたとしても、別の分野でも同じ能力を発揮できるわけではないことに気をつけよう。

42

お金を寄付したほうがいいわけ

【ボランティアの浅はかな考え】

本当に「世の中に貢献できること」とは何だろう？

カメラマンのジャックは、月曜から金曜まで多忙な日々を送っている。複数のファッション雑誌と契約していて、ミラノとパリとニューヨークを行き来しながら、常にきれいな女の子や個性的なデザインや撮影に最適な光を探している。

業界では知られた存在で、収入も多い。一時間当たりの報酬は、五〇〇ユーロは下らない。「弁護士と同じくらいの稼ぎはある」とジャックは友人たちに自慢している。「そのうえレンズを通して見るものは、弁護士のたいていのクライアントよりもずっと見栄えがいいときてる」

ジャックは羨まれる生活を送っているが、このところ物思いに沈むことが増えている。ファッション業界に違和感を覚えるようになったのだ。業界の身勝手さも鼻につく。ベッドに横たわったまま天井を見上げ、もっと意義のある仕事をしたいと考えることも多い。打算のない昔のような自分に戻りたかったし、「世界をよくすること」にも貢献したい。それがどんなに小さなことでもかまわなかった。

そんなある日、彼の携帯電話が鳴る。かけてきたのは学生時代の友人で、いまは地域の野鳥保護協会の会長を務めているパトリックだ。

「今度の土曜は毎年恒例の〝野鳥の巣箱づくりの日〟で、絶滅危惧種のための特殊な巣箱をつくるボランティアを探してるんだ。できあがったものは森に設置する。時間？　朝の八時に集合だ。午後の早いうちには終わる予定だよ」

もし本当に「世界をよくすること」をしたいと思っているなら、ジャックはどう答えるべきだろう？　そう、ボランティアへの参加のしかたを考えるべきだ。

ジャックは一時間で五〇〇ユーロを稼ぎだすが、木工職人の一時間当たりの賃金額は五〇ユーロだ。カメラマンとしての仕事を一時間余分にこなし、そのお金で木工職人を六時間雇ったほうが賢明だ。

木工のプロなら、ジャックにはつくれない質のいい巣箱をいくつも仕上げてくれるだろう。そして差額の二〇〇ユーロは野鳥保護協会に寄付すればいい（税金についてはここでは考えないことにしよう）。そうすれば、自分でボランティアに参加するよりも、ジャックはずっと「世界をよくすること」に貢献できる。

それでも、ジャックが自分で巣箱づくりのボランティアに参加する可能性はかなり高い。経済学者はこのことを**「ボランティアの浅はかな考え」**と呼んでいる。

ボランティア活動は広く普及している。ドイツでは、三人に一人がなんらかの無給の仕事に従事しているという(スイスではボランティアに関する公的な調査は行われていない)。だがボランティア活動がそれほど有意義でなく終わってしまうことが多い理由は、先に挙げた以外にもある。木工職人を雇うかわりにジャックが自分で鳥の巣箱をつくるとしたら、**「職人の仕事を奪う」**ことにもなるからだ。

自分の仕事を増やして、手にしたお金の一部を寄付する

ボランティアについて語ろうとすると、「奉仕の精神」という微妙なテーマについても論じないわけにはいかなくなる。ボランティア活動が、実際には個人の利益と結びついていることもあるのではないだろうか？

ドイツ政府は「ボランティア調査」と呼ばれる調査を実施している。それによると、ボランティアに参加する動機としてもっとも多く挙げられた答えは、民主主義的な欲求ともいえる「社会を築き上げることに協力したいから」である。そのあとには、「社会とのつ

ながりを持つため」「楽しいから」「新しい体験をするため」といった答えが続く。

つまりボランティア活動をするのは奉仕の精神からだけではなく、自分のためでもある。「仕事を増やし、それで手にしたお金の一部を寄付すること」が、ジャックにできるもっとも効率的な協力手段かもしれない。ボランティア活動に意義が生まれるのは、自分の専門知識を活かせるときだからだ。

たとえば、野鳥保護協会が写真付きの「寄付のお願い」状を作成しようとしていて、その写真はプロの腕がなければ撮影が難しいとしよう。そういうときなら、ジャックはボランティアとして自分でその写真を撮ってもいいし、仕事を増やして得た追加収入を協会に寄付して、カメラマンを雇う資金にしてもらってもいい。

では、ジャックが巣箱づくりに参加しても、本当になんの役にも立たないのだろうか？必ずしもそうとは限らない。

「ボランティアの浅はかな考え」にも例外はある。**参加する人が著名な人物だった場合**だ。U2のボノや、女優のケイト・ウィンスレットや、フェイスブックの創業者のマーク・ザッカーバーグが、鳥の巣箱づくりや、油に汚染された海岸の清掃作業や、震災被害者を救出するボランティアに参加して、その様子を撮影させたとしたら、その活動の注目度は大きくアップする。

だからジャックは、自分は参加するだけでボランティア活動に利益をもたらせるほどの有名人なのか、それとも有名だと自分で思い込んでいるだけなのかを客観的に見きわめなくてはならない。

同じことは、あなたや私にも当てはまる。道ですれ違った人があなたのほうを振り返って見ないようなら、ボランティアへの参加はやめて、お金を寄付したほうがいい。

43

行き当たりばったりで物事を進めたがらないわけ

【曖昧さ回避】

私たちは「確率がはっきりしているもの」が好き

ここに、ふたつの壺があるとしよう。

「Aの壺」には、赤いボールと黒いボールが五〇個ずつ入っている。「Bの壺」にも一〇〇個ボールが入っているが、赤いボールと黒いボールがいくつ入っているかはわからない。

どちらかの壺に手を入れて、「赤いボール」を取り出せたら、あなたは一〇〇ユーロ獲得できる。あなたはAとB、どちらの壺を選ぶだろうか?

あなたがたいていの人と同じだとしたら、あなたが選んだのは「Aの壺」だろう。

同じ壺を使って、もうひとつ別の質問に答えてみよう。今度は、「黒いボール」を取り出せればあなたは一〇〇ユーロ獲得できる。あなたはどちらの壺を選ぶだろう?

おそらくあなたはまた「Aの壺」と答えたのではないだろうか。だが、それではつじつまが合わない！　最初の質問では、あなたはBに入っている赤いボールはAより少ないと（つまり黒いボールのほうが多いと）推測したのだ。それならば、ふたつ目の質問では当然、「Bの壺」を選ぶはずではないか。

だが、安心してほしい。この思考の誤りに陥るのはあなただけではない。

この心理傾向には、**「エルズバーグのパラドックス」**という名前までついている。先の思考実験を考案したかつてのハーバード大学の心理学者、ダニエル・エルズバーグにちなんで名づけられた名称である（ちなみにエルズバーグは、のちに極秘文書『ペンタゴン・ペーパーズ』をひそかに新聞社に手渡し、ニクソン大統領を辞任に追い込んでいる）。「エルズバーグのパラドックス」は、**「曖昧さ回避」**と呼ばれることもある。私たちには、**確率がわからないものよりも、確率がはっきりしているものを好む傾向**があるのだ。

「リスク」は予測できるが、「不確実さ」は算出できない

「不確実さ（あるいは曖昧さ）」というのは、「リスク」とは別のものなのだろうか？

「リスク」の場合は、ものごとが起きる確率はすでに明らかになっていて、あなたはその値をもとにリスクが大きすぎるかどうかを判断できる。だが、「不確実さ」の場合は、も

のごとが起きる確率はわからない。
このふたつの言葉はカプチーノとラテマキアートと同じくらいよく混同されるが――これらを混同すると、深刻な事態を招くことがある。

「リスク」は算出できても、「不確実さ」を割り出すのは不可能だ。「リスク」に関する学問(統計学と呼ばれている)は三〇〇年前から存在し、その学問に携わっている教授も大勢いる。それなのに、「不確実さ」を扱う教科書はただのひとつも存在しない。

私たちが「曖昧さ」を「リスク」のカテゴリーに無理に押し込もうとするのはそのためなのだが、実際には、このふたつはまったく異なるものだ。

この違いを、「医学界(確率の算出が可能なケース)」と「経済界(確率の算出が不可能なケース)」から、ひとつずつ例を挙げて見ていくことにしよう。

人間は数十億人もいるが、体のつくりはそうたいして変わらない。私たちはみなほぼ同じくらいの大きさになり(身長が一〇〇メートルもある人はひとりもいない)、同じくらいの年月を生きる(一万年も生きる人はいないし、たったの一秒しか生きない人も少ない)。

ほとんどの人には目がふたつあり、心臓弁は四つあり……というように、体の特徴も共通している。私たちがネズミを見分けられないのと同じように、別種の生きものから見たら、おそらく私たちの区別はつかないだろう。

サンプルになる同じような病気の事例がふんだんにあり、リスクの算出が可能なのはそのためだ。だから、「あなたががんで亡くなる確率は30パーセントです」といった推測が成立する。一方で、「ユーロは30パーセントの確率で五年以内に崩壊するでしょう」という推測は成り立たない。

理由はなんだろう? なぜなら、経済は「不確実な領域」だからだ。

比較の対象になる通貨は数十億種もないので、それらの歴史から崩壊の確率を導き出すことはできない。「生命保険」と「クレジット・デフォルト・スワップ」にも同じことが当てはまる(クレジット・デフォルト・スワップとは、債権者が金融機関などと契約を結び、一定の手数料を支払う一方で、債務不履行が生じた場合は、債権者は契約した金融機関などに損失額を保障してもらえるという、保険のような金融商品のこと)。

前者は「リスクの算出が可能な領域」にあるが、後者は「不確実さの領域」に属している。

経済は、リスクを把握できない「不確かな領域」

二〇〇八年に世界金融危機が起きたのも、これらふたつの領域を混同したことが原因だ。発端は、アメリカでサブプライムローンのこげつきが深刻化したことだった。

サブプライムローンは審査が甘く、低所得者でも利用ができた。金利は割高だったが、住宅価格は右肩上がりだったことから人々は楽観的な見通しを立て、サブプライムローンは急速に普及した。

けれども住宅バブルがはじけ、債務が返済不能になるケースが相次ぎ、ローンの多くは不良債権と化した。その結果、サブプライムローンの債券を大量に保有していた大手投資銀行リーマン・ブラザーズは倒産し、それを契機に問題は世界的な金融危機へと発展していく。

リーマン・ブラザーズが保有する債券に対するクレジット・デフォルト・スワップを大量に販売していた大手保険会社アメリカン・インターナショナル・グループも経営危機に陥り、アメリカ政府からの救済を受けている。**債務者も債券に投資した金融機関も、「不確かな領域」に属するものの「リスク」を把握できると勘違いしてしまったのだ。**

あなたも「ハイパーインフレが起きるリスクはXパーセント」や「私たちが保有している株のリスクはYパーセント」といったフレーズを耳にしたときには、気をつけたほうがいい。

要するに、軽率に間違った判断をするのを避けたければ、「曖昧さ」に耐える必要があるということだ。

しかしどれだけ努力をしたところで、耐えられる「曖昧さ」の度合いには残念ながらたいした影響はおよぼせない。鍵を握っているのは、じつは「扁桃体《へんとうたい》」だからだ。扁桃体というのは、あなたの頭蓋骨の中央に位置する、アーモンドほどの大きさの脳の領域だ。「不確実さ」にどの程度耐えられるかは、生まれつきの扁桃体のつくりによって決まるため、私たちにできることはほとんどない。どうにかして「不確実さ」とうまくつきあっていくしかないのだ。

耐えられる「不確実さ」の許容量は、政治の方向性としてあらわれる。「不確実さ」に耐えられない人ほど、保守的なほうに投票する傾向があるという。

いずれにしても、明晰な思考をするには、「リスク」と「曖昧さ」の違いを理解しておかなければならない。確率を明確に算出できる領域は、ほんのわずかだ。

多くの場合、私たちは厄介な曖昧さとつきあわざるをえない。できるだけ、曖昧さに耐える習慣をつけよう。

44

敵には情報を与えたほうがいいわけ

【情報バイアス】

情報が多すぎると決められなくなり、決断の質も下がる

アルゼンチンの作家、ホルヘ・ルイス・ボルヘスは、たったひとつの段落からなる短編『学問の厳密さについて』（岩波書店『汚辱の世界史』〈短編集〉、二〇一二年ほか）で、「地図作成学が発達し、極限まで精緻をきわめた地図でなければ人々が満足しなくなった国」について書いている。

結果的にその国では、縮尺が一対一、つまり国そのものと同じ大きさの地図が作成された。だがそのうち、そのような地図からは情報は得られないことがわかる。それは実際にある国の、ただのコピーにすぎないからだ。

ボルヘスの作品に登場するこの地図は、「情報バイアス」と呼ばれる思考の誤りの極端な例だ。**「情報が多ければ、おのずとよい決断を導き出せる」**というのは、間違いなので

ある。

ある日、私はベルリンのホテルを探していた。候補を五つにしぼり、そのなかから一日で気に入ったホテルに決めた。

しかし私は自分の直感をそのまま信じる気になれず、決断の質を上げようと、もっと情報を手に入れることにした。さまざまなホテルについてのコメントや評価やブログの書込みを読み、無数の写真や動画をせっせとクリックした。

そして二時間後、私は結局、最初から気に入っていたホテルに決めた。

雪崩のような追加情報は、決断の質を上げる役には立たなかった。むしろ逆だ。情報集めに使った時間をお金に換算すると、私はそのお金でベルリンの最高級ホテルに泊まることだってできていたかもしれない。

本当はしなくてもいい検査でも受けてしまう

心理学者のジョナサン・バロンは、医師たちに次のような質問をした。

ある患者が、80パーセントの確率でAという病気だと思われる症状を訴えている。もしその患者がかかっているのがAではないとすると、その病気はXもしくはYということになる。

治療法は病気によって違う。これら三つの病気はどれも同じくらい深刻なもので、どの治療にも同じくらい大きな副作用がともなう。あなたは医師として、どの治療を提案するだろうか？

当然、あなたはその患者の疾患をAと推測し、Aの治療を勧めるだろう。

ただしこれらの病気には、「診断のための検査方法」があるとする。その検査をすると、病気Xの場合は陽性となり、病気Yの場合は陰性となる。

しかし患者が病気Aにかかっている場合は、検査結果が陽性になる確率は50パーセント、陰性になる確率も50パーセント。あなたは医師として、この検査を勧めるだろうか？

この質問をするとほとんどの医師は、その検査を勧めると回答した。

だが、落ち着いて考えてみると、その検査で得られる情報は、この場合の診断結果にはんの影響もおよぼさない。仮に検査結果が陽性だったとしても、患者の病気がAである可能性は、Xである可能性よりもずっと高い。

検査でもたらされる追加情報は、まったく決断の役には立たないのだ。

「最低限の情報」で生活すると、判断力が高まる

「無関係な情報でも集めたくなる」という衝動に駆られるのは、医師だけではない。経営者や投資家も同様だ。それどころか、彼らは情報集めがほとんど〝癖〟になっているともいえる。重要な事実はすでに目の前にあるというのに調査を依頼し、さらに調査を追加することはけっして珍しいことではない。

だが**追加情報は無駄なだけでなく、マイナスに働くこともある。**

「サンディエゴとサンアントニオでは、どちらの街の人口が多いでしょう?」

ドイツにあるマックス・プランク研究所の心理学者、ゲルト・ギーゲレンツァーは、シカゴとミュンヘンの大学生にこの質問をした。

アメリカの大学生の正答率は62パーセントだった(正解はサンディエゴである)。一方で、ドイツの大学生の正答率は100パーセントだった!

ドイツの大学生は全員、サンディエゴという街の名前は聞いたことがあったが、サンアントニオを知っている学生はほとんどいなかったからである。彼らは単純に、名前を知っているほうを選んだ。それに対してアメリカの大学生は、どちらの街も知っていた。多く

の情報を持っていたがために、間違える確率は彼らのほうが高かったのだ。

銀行、シンクタンク、国の機関などで働く一〇万人の経済専門家が、二〇〇五年から二〇〇七年までのあいだに作成した資料やデータの量を思い浮かべてみよう。大量の研究レポートや数学モデル。山のような論評。洗練されたパワーポイントのプレゼンテーションの数々。ブルームバーグとロイターのウェブサイトに掲載されたテラバイト単位の情報。まるで「情報」の神に敬意を表したお祭り騒ぎだ。

しかしこれらはすべて空騒ぎにすぎなかった。その後金融危機が起き、世界は大きく揺れた。だがそれを予測していた専門家はただのひとりもいなかった。

結論。**最低限の情報で生活するよう心がけよう。そうすれば決断の質は上昇する。**知らなくてもいいことに価値はない。それを知ったところで無価値なものは無価値なままだ。

45 ニュースを読むのをやめたほうがいいわけ

【ニュースの錯覚】

「ニュースを一切見ない」実験をしてわかったこと

スマトラ島の地震。ロシアでの航空機墜落。三〇年間、娘を地下に閉じ込めていた男。モデルのハイディ・クルムが歌手のシールと離婚。ドイツ銀行の記録的な報酬額。パキスタンでの暗殺事件。マリの大統領の辞任。砲丸投げの世界新記録樹立。これらのニュースを、私たちはすべて知る必要があるのだろうか？

これだけ多くの情報を得ているというのに、私たちはたいしてものごとを知らない。その理由はなんだろう？

なぜなら、二〇〇年前に「ニュース」という害のある情報の形態ができたからだ。それ以降、世界じゅうのニュースがいたるところにあふれるようになった。

ニュースは、砂糖が体におよぼす影響と同じような影響を精神におよぼす。食欲をそそり、消化もしやすいが——長期的には大きな害になる。

三年前に私はある実験を開始した。**「ニュースを遮断する」**ことにしたのだ。新聞や雑誌の購読をすべて取りやめ、テレビやラジオは処分した。ｉＰｈｏｎｅのニュースアプリも消去した。無料で配られる新聞に手を触れず、飛行機のなかで誰かが新聞を広げていたら意識的に目を逸らした。

最初の週はつらかった。かなり我慢しなくてはならなかったし、何か大事な情報を逃しているのではないかと絶えず不安になった。ところがしばらく経つと、いろいろな面に変化があらわれはじめた。

そして三年経ったいま、私の思考は以前より明晰になり、洞察力は増し、決断の質が上昇して、時間にもずっと余裕が持てるようになった。

だがもっとも特筆すべきは、**「ニュースに触れなくても大事な情報を逃すことは一度もなかった」**ということだ。

私の「社会的なネットワーク」が——フェイスブックを通した結びつきではなく、友人や知り合いといった「生身の人間との結びつき」のことだ——必要なニュースだけを選別してもたらすというフィルターの役割を果たしてくれたからだ。

ニュースからできるだけ距離を置くべき三つの理由

「ニュースからできるだけ距離を置いたほうがいい理由」はいくつもあるが、なかでも重要なものを三つ、ここで挙げることにしよう。

ひとつ目。**私たちの脳は、人間同士の話で、スキャンダラスで衝撃的で、騒々しく変化の激しい刺激には過度に反応するが、抽象的で複雑で、自分なりに解釈を加えなくてはならない情報にはあまり反応しない。**

ニュースの制作者はこの現象を利用して、感動的な話や、どぎつい写真や、煽情《せんじょう》的な〝事実〟で私たちの注意を引きつけようとする。そうしなければビジネスモデルが成り立たないからだ――〝ニュースサーカス〟の資金源である広告枠は、注目を集めなければ売ることができない。

そのため、表現がこまやかなもの、複雑なもの、抽象的なものや意味深長なものはすべて取りのぞかれる。私たちの生活に関連がある情報や、世界を理解するために必要な情報はむしろそちらのほうに多いというのに。

結果として、ニュースを消費する人の頭のなかには間違ったリスクマップができあがる。

ニュースを通して私たちが感じるリスクは、現実のリスクとはかけ離れているからだ。

ニュースではインパクトのある話ばかりが優先される。テレビで飛行機の墜落事故のニュースを見ると、その後しばらく飛行機に乗るのを控えようとする人は少なくないが、実際には、飛行機が墜落することなどめったにない。報道機関が伝えるリスクは、本当のリスクではないのである。


ふたつ目。**ニュースは私たちとは無関係だ。**

過去一年のあいだに、あなたは短いニュース記事を一万件は受け取っているはずだ――一日当たりに換算すると約三〇件。正直に答えてほしい。そのなかで、**あなたが人生やキャリアや仕事に関する決断を下すときに役に立ったのはどのくらいあっただろう?**

私がこの質問をした人のなかで、ふたつ以上のニュースを挙げられた人はいなかった――一万件中、たった二件である。かなり悲惨な割合と言わざるをえない。

報道機関はあなたに、自分たちはニュースを通して競争で有利に立てる情報を提供しているのだと思わせようとするので、多くの人はそう信じ込む。

だが実際には、ニュースを目や耳にすると競争で「有利」になるどころかかえって「不利」になる。

ニュースの消費が本当に成功の役に立つというなら、収入のピラミッドのトップはジャーナリストで占められていなければならないはずだ。しかし現実はそうではない。その逆だ。

情報の「背後にあるもの」にこそ目をむける

ニュースからできるだけ離れるべき理由の三つ目。**ニュースは時間の無駄だ。平均的な人は、週ごとに仕事時間の半分にあたる時間をニュースを読んだり見たりすることに費やしているという。**地球規模で見ると膨大な生産性の損失である。

二〇〇八年にインドのムンバイで起きた同時多発テロを例にとって考えてみよう。テロリストは単なる自己顕示欲から二〇〇人もを殺害した。このムンバイでの悲劇に、一〇億人が平均一時間、注意を向けたと想像してみてほしい。それだけの人が全員、ニュースを追ったり、何かの〝専門家〟や〝コメンテーター〟がテレビで意味のないおしゃべりをするのを見たりしたのだ。

インドだけでも一〇億の人口があることを考えれば、この推測はきわめて現実的といえるだろう。それどころか控えめな概算といってもいいくらいだ。

一〇億人が一時間、ニュースに気を逸《そ》らされると、合計一〇億時間が無駄になる。人生の時間に換算すると、ニュースによって二〇〇〇〇人の一生分の時間が消えたことになるのだ——テロの犠牲者数の一〇倍である。皮肉だが、正確な考察である。

一〇〇種類ほどもある思考や行動の誤りのなかで、「排除する」ことでもたらされるメリットがもっとも大きいのは「ニュース」だ。

ニュースを知らないと、パーティーでつまはじきになるのではないかと不安を感じる人もいるかもしれない。だが、シベリアでどこかの航空機が粉々になったことは知らなくても、ニュースを排除してできた時間を利用して、あなたはもっと奥の深い、多くの場合は目に見えない世界のつながりを理解できるようになる。あなたはそれをほかの人々と共有すればいいのだ。

「ニュース・ダイエット」について話すのをためらう必要もない。あなたのまわりの人々は、興味を持ってあなたの話に耳を傾けてくれるだろう。

だから、ニュースの無駄な消費はやめよう。できれば、きっぱりと完全に。

そのかわり、出来事の背後関係を詳しく記した長文記事や本を読むといい。世界を理解するのに本ほど適したものはない。

46

危機が好機になることがめったにないわけ

【起死回生の誤謬】

「死にたくなるほどの経験」は人生に必要なのか？

一〇年前にザンドラと知り合ったとき、彼女は生きる喜びに満ちあふれていた。若く魅力的で知的な彼女にかかると、どんな論理的な思考もかたなしだった。

ザンドラは、これといって特徴のない公認会計士と結婚した。その二年後、もっとも悪性度の高い乳がんを患った。彼女が化学療法を受けている期間中に、彼女の夫は浮気をした。ザンドラはうつになり、その後はひとつの仕事を半年以上続けることができなくなった。いまの彼女は昔とは別人のようになってしまった。

先日ザンドラを訪ねると——彼女は離婚して、いまはひとりで暮らしている——彼女はこんなことを言った。「死ぬ寸前まで追いつめられたわ。でもね、死にたくなるほどの経験を乗り越えると、人は強くなれるのよ」

正直なところ、他人の言葉にこれほど大きな違和感を覚えたのは初めてだった。彼女にふりかかった出来事を思い浮かべると、どうしても腑《ふ》に落ちなかったのだ。

マーティンは企業家だ。ノートパソコン用のソフトケースを製造している。マーティンが会社を設立して五年経ったころ、ライバル会社が現れて、顧客を奪われたことがあった。製品にたいした差はなかったが、ライバル会社はマーケティングがずっと巧みだった。マーティンは従業員をほぼ全員解雇せざるをえなくなった。銀行からは融資を打ちきられ、期限のきた金利は自分の金で支払った。会社は倒産すれすれだった。

だがいまでは、マーティンの会社は以前とほぼ変わりないくらいにまで持ちなおしている。「いろんなことを学んだし、倒産の危機を切りぬけたことで強くなったよ」

危機を切りぬけると、本当に強くなれるのだろうか？

無理に「プラスの要素」を見出そうとしなくていい

「死にたくなるほどの経験を乗り越えると、人は強くなれる」――これは、ニーチェの言葉である。たいていの人はそう思いたいようだ。しかしこの考えは間違っている。

現実を直視しよう。危機を切り抜けたからといって、会社がすなわち強くなることもない。逆に弱くなるだけだ。顧客は逃げるし、メディアは意地の悪いコメントをするし、有能な従業員は離れていくし、現金保有額が減少し、融資の金利は上昇して、経営陣は不安を感じて辞任する。

それなのに私たちは、**そのなかに「プラスの要素」を見出そうとする。**この間違った思い込みはどこから生まれるのだろう?

「確率」の面から考えてみよう。多くの場合、危機を乗り越えられた人は、単に運がよかっただけなのだ。

たとえば、ノートパソコン用ソフトケースの製造業者一〇〇〇社を大規模な経済危機のなかに送り込み、その運命を追跡したとしよう。その末路の統計的な分布はどうなるだろうか?

ほとんどの会社は倒産し、以前と同じくらいの業績を保つ会社も一部あるものの、以前よりも業績を上げる会社はほんの数社しかないだろう。生き残った会社の視点から見れば、危機を切りぬけて強くなったように思えるのかもしれないが、それは錯覚にすぎない。

総体的に見れば、**危機は危機に違いなく、強化のためのプロセスではない。**危機が起きれば破滅することもあるということを(あるいは破滅していたかもしれないということを)、私たちはすぐに忘れてしまう。

死の危険は冒さなくていい、とにかく避けたほうがいい

友人がバイクで事故を起こした。彼はその衝突で強くなっただろうか？　彼はバイクを運転することがどれほど危ないかに気づき、バイクを売った。ブラボー。だがそのことに気づくためには、統計の数字を見るだけで十分だったはずだ。何も自分が死の危険を冒す必要はなかったはずである。

多くの人はこんなふうに言う。「危機を経験してよかったです。いまではすっかり生き方が変わりました」

だが、そうした結論（ストレスを減らす、金銭欲を抑える、自分に向いた仕事に専念するなど）には、危機を経験しなくても達することができたはずだ。事故や病気や破産を通して新たな気づきがあるというのは悲しいことだ。だって、できるならば危機には遭遇しないほうがいいではないか。

新しい生き方がいま有意義に感じられるなら、それは以前からきっと有意義だったに違いないのだ。

なかには、頭ではわかっていたが、危機を経験して初めて生き方を変えられたという人もいるかもしれない。しかし、理解していても行動を起こさないのでは、何も考えていな

いのと同じことだ。

「不快なことが自分のためになる」というのは、間違った思い込みだ。

病気もひとつの経験といえなくはないが、体にはその痕跡が残る。体は病気をする前よりも健康ではなくなっている。事故や燃え尽き症候群も同様だ。いったい、どれだけの兵士が以前よりも〝強く〟なって戦争から戻ってくるだろう？　アメリカのハリケーン・カトリーナを生きのびた人たちは、未来に向けて〝強く〟なっただろうか？

つらい出来事とはいえ、それもひとつの経験であることは確かだが、それが次にハリケーンが来たときに役立つだろうと自分を慰めるより、危険な地域からは引っ越したほうが賢明だ。

結論。当社は危機を乗り越えて強くなったと発表するＣＥＯがいたら、その会社には注意したほうがいい。おそらく現実はその反対だ。

ザンドラの思い違いについては、私はそのままにしておいた。そのほうが、彼女の人生は現実よりも快適なものになるからだ。

【考えすぎの危険】

47 頭のスイッチを切ったほうがいいわけ

「考えすぎる」とうまく動けなくなる

昔々あるところに、「賢いむかで」がいた。

むかでがテーブルの縁《ふち》からほかのテーブルを見やると、そこには「砂糖の粒」があった。むかでは利口だったため、まず、下におりるときには左のテーブルの脚を使うべきか右のテーブルの脚を使うべきかをじっくりと考え、次に、砂糖のあるテーブルへは左の脚に沿って上るべきか、右の脚に沿って上るべきかを吟味した。

それからどの足から歩き出すのが効率的か、ほかの足をどんな順番で動かせばいいかという問題に取り組んだ。数学を身につけていたむかではすべての変数を計算し、最適な方法を選び出した。そしてようやく最初の一歩を踏み出した。

けれども**あまりに複雑に考えすぎたために足が絡んでしまい、その場から動けなくなっ**

て、結局むかでは餓死してしまった。

一九九九年の全英オープンゴルフでのこと。フランスのプロゴルファー、ジャン・ヴァン・デ・ヴェルデはそれまで完璧なプレーをしていた。

二位に三打差をつけ、トップで最終ホールを迎えた。ダブルボギーでもまだ優勝できるという状況で、彼が全英オープンを制覇するのは確実と思われた。数分後には世界の一流選手の仲間入りだ。ヴァン・デ・ヴェルデは安全策をとったプレーをするだけでよかった。

だが、ティーグラウンドに立った彼の額には汗が浮かんだ。まるで初心者のようなショットを打ち、ボールは茂みのなかへ――カップから二〇メートル近く離れた場所へ――飛んでしまった。

ヴァン・デ・ヴェルデはさらに焦った。その後もミスが続き、もう一回膝まである高さの草のなかにボールを入れたあと、次は水のなかへ、その次は砂のなかへとボールを打ち込んだ。彼の体の動きはまるで初心者のようだった。

その後ボールはようやくグリーンに乗り、七打目にしてついにカップに入った。ヴァン・デ・ヴェルデは全英オープンの優勝を逃した。そのときから、彼のプロゴルファーとしてのキャリアの終わりがはじまった（だがその後、ヴァン・デ・ヴェルデは二〇〇五年にカムバックを果たしている）。

理由を考えすぎると「直感」はにぶる

アメリカの作家、ジョナ・レーラーは、著書『一流のプロは「感情脳」で決断する』（アスペクト、二〇〇九年）で「**考えすぎ**」の**危険**について書いている。

一九八〇年代に、アメリカの消費者団体が発行する『コンシューマー・レポート』誌は、ベテランの試食者に「四五種類のいちごジャム」をテストさせた。

その数年後、心理学教授のティモシー・ウィルソンは、自分の学生たちを対象に同じ実験を行った。結果は、ほぼ同じだった。学生たちは、「ベテランの試食者」と同じジャムを好んだ。

だがこれは実験の前半部分にすぎず、ウィルソンはもう一度、別の学生たちを対象に同じ実験を繰り返した。

しかしひとつ目のグループとは対照的に、このグループの学生は、彼らの評価の根拠を「アンケート」に詳細に書き込まなければならなかった。

するとジャムの順位はまったく違ったものになった。上位にランクづけされていたジャムのいくつかは、最低レベルの評価しか得られなかった。

「考えすぎる」と、あなたの頭は感情の知恵から切り離されてしまう。こういう言い方をすると謎めいた印象を受けるかもしれないが、ことはいたってシンプルだ。

感情も、明断で合理的な思考も、発生する場所は同じ「脳」なのだ。感情と合理的な思考では、ただ単に情報処理の仕方が違うだけ。感情のほうが原始的だが、必ずしも質が劣るとは限らない。それどころか合理的な思考よりも賢明な見解を示すことも多い。

「感情」で決めるとき、「論理」で決定すべきとき

それでは、「頭で考えるべき」なのはどんなときで、「とっさに感覚で判断すべき」なのはどんなときなのだろう？　大まかなルールは次のとおりだ。

体に身についている動作、特に運動能力にかかわること（むかでやヴァン・デ・ヴェルデの例のように）や、すでに数え切れないほど答えたことのある問い（自分の『能力の輪』に属する分野に関することなど）に対しては、考え込まないほうがいい。直感的に答えを見つける過程を不必要に妨げることになる。

すでに石器時代の先祖のころから繰り返している決断に対しても、同じことが当てはまる。たとえば食べものを評価するときや友人選び、信用できる人を見きわめる場合などがそうだ。こうした決断に関しては、「合理的な思考」よりも「ヒューリスティック（意思

決定時間を短縮するための思考法)」のほうがまさっている。
その一方で、進化の過程には存在しなかった複雑な状況(たとえば投資の決断など)においては、冷静にじっくり考えたほうがいい。そういう場合には、「直感」よりも「論理」のほうが役に立つ。

数学の教授であるバリー・メイザーは、ものごとの決定にまつわる自身のこんなエピソードを述べている。

「何年か前、私はスタンフォード大学からハーバード大学へ移るべきかどうかを決めかねていた。この問題でひっきりなしに友人たちをわずらわせていたら、そのうちひとりの友人が私にこんなことを言った。
『君は決定理論の専門家のひとりじゃないか。メリットとデメリットをすべてリストに書き出して、それらを評価して、期待できる利益を算出してみたらどうだい?』すると、考えるより前にこんな言葉が私の口をついて出た。『勘弁してくれよ、サンディ、これはすごく大事なことなんだよ!』」

48

チェックリストに頼りすぎてはいけないわけ

【特徴肯定性効果】

「あるもの」は「ないもの」より重視される

二種類の数字の列がある。

ひとつ目のAは次のような並びだ。724　947　421　843　394　411　054　646――これらの数字に共通するものはなんだろう?

まずは数字の共通項を見つけてから、先を読みすすめよう。そう、これらにはすべて4という数字が含まれている。

ふたつ目のBは次のような並びだ。349　851　274　905　772　032　854　113――これらの数字に共通するのはなんだろう?

今度も数字の共通項を見つけてから、先を読みすすめよう。おそらく、Bのほうが難しく感じられたのではないだろうか。答えは、どの数字にも6が含まれていない、である。

これらふたつの質問に答えてみると、**「欠けているものを見つける」**のは、**「存在するものを認識する」よりずっと難しい**ということがわかる。別の言い方をすれば、「そこにあるものには、ないものよりもずっと重きが置かれる」ということだ。

先週、散歩をしていたときのこと。私は「どこにも痛みを感じていない」のに気づいた。そんな考えが頭に浮かぶとは思ってもみなかった。私が体のどこかに痛みを感じていることは、ほとんどないからだ。

それはあまりにも当たり前の発見で、私は唖然としてしまった。つかの間、幸福感に浸ったが、存在していないものについて考えるには精神的なエネルギーが必要で——そのうちまた、痛みがないという事実は私の頭から抜けおちてしまった。

年に三回開催されるルツェルン音楽祭のコンサートで、ベートーベンの第九が演奏された。ホールは感動に包まれた。第四楽章の合唱の部分にさしかかると、あちこちで喜びの涙を流す人も見られた。

こんなにすばらしい交響曲がこの世に存在するなんて、私たちはなんと幸せなのだろう、と私は思った。だが、本当にそうなのだろうか？

この世に第九がなければ、私たちはいまよりも不幸になるのだろうか？　そんなことはありえない。第九が作曲されていなくても誰ひとり困る人はいない。「第九をすぐに作曲させて演奏させろ！」と劇場の総支配人に怒りの電話をかけてくる人はいないだろう。

つまり、**存在しているものは、ないものよりずっと価値があるように感じられる。**経済学者はこの現象を「特徴肯定性効果」と呼んでいる。

「特徴肯定性効果」に陥りやすい職種とは？

この効果は「予防キャンペーン」にも活かされている。**「喫煙は肺がんの原因になります」というほうが、「喫煙しなければ肺がんにならない人生を送れます」というよりも、インパクトはずっと強くなる。**

公認会計士や、チェックリストを使って仕事をする職業の人々は、この「特徴肯定性効果」に陥りやすい。付加価値税の申告書が欠けていれば、それはチェックリストに記載されている項目であるためすぐに気づくが、熟練した詐欺行為には気づけない。

経営破綻したエネルギー会社エンロンの粉飾決算や、アメリカの実業家、バーナード・マドフが起こした巨額詐欺事件、イギリスのベアリング銀行を破綻させたトレーダーのニック・リーソンや、同じくトレーダーでフランスの大手銀行ソシエテ・ジェネラルに巨額の損失を負わせたジェローム・ケルビエルが行った不正取引などの例を見れば、そのことは明らかだ。

この種の不法行為を見出すという項目は、どんなチェックリストにも記載はない。「特徴肯定性効果」によって見逃されるのは犯罪だけではない。

たとえば抵当銀行（ヨーロッパやアメリカなどにある、不動産担保ローンを扱う銀行）では、借り手の信用リスクはかなりの精度で測定される。そのためのチェックリストが設けられているからだ。

だが物件のすぐ隣にゴミ焼却場が建設される予定があるなど、担保となる不動産の価値が下落するリスクについては、そのリスクを測るためのチェックリストが存在しないために見過ごされてしまいがちだ。

「起きていないこと」を考えると幸せを感じられる

あなたは、たとえばコレステロールを過剰に含むドレッシングのような、いかがわしい製品の製造者だとしよう。あなたはその製品をどんなふうに売り出すだろうか？

おそらくパッケージにはドレッシングに含まれる二〇種類のビタミンだけを表示して、コレステロールの含有量についてはいっさい記さないようにするのではないだろうか。そうすれば消費者はビタミンのほうに気をとられて、コレステロールの問題には気づかない。ポジティブな、そしてそこに存在している製品の記述を見れば、安全な製品だと確信してくれるはずだ。

学術の世界では、絶えず「特徴肯定性効果」が起きている。学術的な仮説が証明されると、ジャーナルに掲載され、すばらしい業績と認められればノーベル賞を受賞することもある。しかし逆に仮説の誤りを証明した場合は、ジャーナルに掲載されることはほとんどない。

私の知るかぎり、そのことに対してノーベル賞が授与されたケースはまだ一度もない。仮説の誤りの証明も、学術的には仮説の証明と同じくらい価値があるはずなのだが。

「特徴肯定性効果」のために、私たちは**ネガティブなアドバイス（Xはしないほうがいい）より、ポジティブなアドバイス（Yをしたほうがいい）のほうに耳を傾けてしまう**——それらが無益か有益かは、その際あまり問題にはならないのだ。

結論。**私たちは、「起きていないこと」について考えるのが不得手だ。「存在しないもの」は認識できない。**

戦争中は戦争が起きていることを実感できるが、戦争がなく平和なときにはそのことに気づけない。健康なときには、自分も病気になることがあるのだという事実はほとんど意識していない。スペインのマヨルカ島で飛行機から降りて、墜落せずに無事目的地に着いたことに驚いたりもしない。

ときには「起きていないこと」について考えてみさえすれば、私たちはいまよりずっと満ち足りた気持ちになれるのではないだろうか。

一方、「ない」ことについて考えるのは骨が折れる。哲学の分野には「なぜ何もないのではなく、何かがあるのか？」というものごとの存在理由を問う有名な問題がある。すぐに答えの出る問題ではないが、この問いかけは「特徴肯定性効果」に抗うための有効な手段になる。

49 「いけにえ探し」はやめたほうがいいわけ

【単一原因の誤謬】

なぜそれは起こったのか――原因を考えるとわかること

クリス・マシューズは、アメリカの放送局、MSNBCのトップジャーナリストのひとりだ。彼のニュースショーでは「政治の専門家」が次々と招かれ、さまざまな質問をされる（私には政治の専門家というのがなんなのかも、それが意義のある職業なのかどうかもよくわからないのだが）。

二〇〇三年にもっとも世間の関心を集めていたニュースは、「アメリカのイラク侵攻」だった。だがこのニュースショーで注目すべきは、専門家たちの答えよりクリス・マシューズの質問のほうだった。

「戦争の動機はなんでしょうか?」「同時多発テロが戦争の引き金になったかどうかを知りたいのですが」「大量破壊兵器が戦争の原因だと思いますか?」「アメリカは、どうしてイラクに侵攻したのだと思いますか？　表に出ていない本当の理由はなんでしょう？」などなど。こうした質問ばかりがうんざりするほど繰り返される。

そして、これらの質問には、すべての思考の誤りのなかでももっとも起こりがちな間違いの徴候が現れている。奇妙なことにこの思考の誤りには一般的な名称はなく、**「単一原因の誤謬《ごびゅう》」**という仰々しい名前で呼ばれている。

それから五年後の二〇〇八年、金融市場はパニックに陥っていた。銀行が崩壊し、公的資金が注入された。投資家も政治家もジャーナリストも、激昂して金融危機の原因を探った。

アラン・グリーンスパンが実施した金融緩和のせいだろうか？　投資家が愚かだったのだろうか？　あやしげな信用格付け機関のせいだろうか？　公認会計士が買収されていたのだろうか？　リスクモデルが間違っていたのだろうか？　それとも単に人間の強欲さから生じたことなのだろうか？

どれも原因としては正しくはない。**なぜなら金融危機は、〝それらすべてが相まって〟引き起こされたことだからだ。**

物事は「多くの要因」が重なった結果として起こる

同じような例はいたるところにある。すばらしい小春日和も、友人の離婚も、第一次世界大戦が起きたのも、がんにかかるのも、学校で起きた無差別殺人も、企業の世界的な成功も、文字の発明も——明晰な思考を持つ人ならわかっていることだが——、**その原因はひとつではない。多くの要因が重なった結果として起きるのだ。**

それなのに、**私たちはいつも「たったひとつの原因」だけを突き止めようとしてしまう。**

「りんごは熟すれば落ちる。なぜ落ちるのだろうか？　地球の引力によるものだろうか？　茎が枯れるからだろうか？　日光で乾燥するからだろうか？　重くなりすぎるからだろうか？　風に揺さぶられるからだろうか？　それとも下に立つ少年がそれを食べたいと思うからだろうか？　これらのどれも原因ではない。それらすべての理由が重なりあって……」とロシアの作家トルストイは『戦争と平和』（岩波書店、二〇〇六年ほか）で書いているが、この記述は的を射ている。

あなたはコーンフレークのプロダクトマネージャーで、オーガニックでカロリー控えめの新商品を売り出したところだとしよう。ひと月もすると、その商品は紛れもない失敗作であることが明らかになる。その「原因」を探り出すには、どうすればいいだろう？

ものごとの原因はひとつではなく、いくつもあることをあなたはすでに理解しているはずだ。**まずは紙を一枚用意して、考えられる要因をすべて、円や線を使った網目状の図にして整理することからはじめよう。**

それができたら、その要因の背後要因についても同じことをする。そうすると、失敗の影響要因として考えられる要素のつながりを表す図ができあがる。

次に、そのなかであなたが変えられる要因に印をつけ、あなたが影響をおよぼせない要因（たとえば人々の思考や感情など）は線を引いて削除しよう。

最後に、印をつけた要素をさまざまに変化させた製品を何か所かの地域でテストして、商品の売上が改善されるかどうかを確かめるといい。

時間もお金もかかるが、これが浅薄な推測の沼から抜け出すための唯一の方法だ。

成功も大惨事も「誰かひとり」のせいではない

「単一原因の誤謬」は危険なものの見方であり、古くから存在しているものの見方でもある。私たちは、人間は**「自分自身の運命の支配者」**だと教えられてきた。

この表現は二四〇〇年前にアリストテレスによって用いられたものだが、今日《こんにち》ではその見解は誤りだということが明らかだ。

私たちに、厳密な意味では「自由な意志」というものはないともいえる。私たちの行動は、遺伝的素因や教育や、個々の神経細胞間を行き来するホルモンの濃度など、多数の要素が作用し合った結果として生じるものなのだ。

それなのに、私たちはいまだに古めかしい人間像に固執したままでいる。愚かなだけでなく、道義的にも憂慮すべき問題だ。

ものごとの原因はひとつしかないと信じているかぎり、成功も大惨事も誰かひとりのせいになり、その人は「功労者」や「元凶」という烙印《らくいん》を押されることになる。

起きた出来事の責任を負わせるための「いけにえ探し」は、馬鹿げているが、権力を行使するには最適の手段だ――数千年も前から人間はこのゲームを繰り返している。

それでも、いまなお「単一原因の誤謬」は世界に広く浸透している。アメリカのシンガーソングライター、トレイシー・チャップマンのように、このテーマを歌って大きな成功を手にしたミュージシャンもいるくらいだ。『ギヴ・ミー・ワン・リーズン（私にひとつ理由をちょうだい）』という曲で、彼女は世界じゅうに知られるようになった。

いや、ちょっと待て――彼女が成功した理由は、これひとつではないはずだ。

【後悔への恐怖】

50 「最後のチャンス」と聞くと判断が狂うわけ

大きな「後悔」を抱くのは、どんなときか?

ここにふたつの例がある。パウルとゲオルクのふたりの例だ。

パウルは「A社の株」を持っているが、その年のうちにそれを売って「B社の株」を買おうかと考えていた。だが結局、パウルは株を買い換えないことにした。いまでは、そうしていれば一二〇〇ドル多く利益を手にできていたことがわかっている。

そしてゲオルクは、「B社の株」を持っている。だがゲオルクはその年のうちにそれを売って、「A社の株」に買い換えた。いまでは、「B社の株」を持ちつづけていれば一二〇〇ドル多く利益を手にできていたことがわかっている。

感じる「後悔」が大きいのは、どちらのほうだろう?

後悔とは、「間違った決断をした」と感じることである。「もう一度チャンスがあればいいのに」と願うことである。ということは、後悔が大きいのはどちらのほうだろう。パウルだろうか、それともゲオルクだろうか？

アンケートを行うと、答えははっきりとあらわれた。回答者の8パーセントがパウルと答え、92パーセントがゲオルクと答えた。どうしてこれほど差があるのだろう？

客観的に見れば、状況はどちらも同じである。パウルもゲオルクも、運悪く間違ったほうの株を選んだ。唯一の違いは、パウルはA社の株をすでに持っていて、ゲオルクはそれを購入したという点だ。**パウルは「行動を起こさなかった」のに、ゲオルクは「行動を起こした」**。

通常よく見られるのはパウルのパターンだ。たいていの人は、投資した資金はそうそう動かさない。ゲオルクのような人は例外である。どうやら**「大多数の人とは違う行動をする」ほうが、感じる後悔は大きい**ようだ。

「履きつぶした靴」がなかなか捨てられない理由

とはいえ、ときには「行動しないこと」が例外になる場合もある。

たとえば老舗の出版社が、出版業界のなかでただ一社だけ、電子書籍の出版を拒絶しているとしよう。「本というのは紙でできているものだ」経営者はそう断言し、その方針を貫いた。異論は一切受けつけなかった。

そしていま、一〇社の出版社が倒産した。そのうちの九社は電子書籍戦略が失敗に終わったための経営破綻で、残りの一社は従来型の紙の書籍にこだわった結果の倒産だった。過去の決断に対する後悔がもっとも大きく、まわりから受ける同情ももっとも大きいのはどの出版社だろうか？　そう、強固に電子書籍を拒絶した出版社である。

もうひとつ、ダニエル・カーネマンの著書『ファスト＆スロー』から例を挙げよう。

飛行機の墜落事故が起きるたびに、私たちは、もともとはその前日や翌日に乗る予定だったのに、なんらかの理由で墜落した便に直前に予約を変更した不運な人の話を耳にする。そしてこの場合もやはり、私たちはその例外の乗客に、最初から墜落した便を予約していた大勢の「普通の」人たちに対してより大きな同情を覚える。予約便を変更した乗客のほうが、感じる後悔は大きいだろうと考えるからだ。

私たちは、後悔することが怖いのだ。この「後悔への恐怖」から、ときには不合理な行動をとってしまう。あとになって後悔という不快な感情を抱かずにすむように、できるだけ型どおりの行動をして、大多数の人の動きからはずれないようにしようとする傾向がある。

こうした傾向は誰にでもあり、プロのトレーダーも例外ではない。**統計によると、トレーダーは一二月三一日には、「マイナーな株」を売却することが多いのだという。**

その年の業績が評価され、ボーナスが算出される一年最後の日になると、トレーダーも一般の投資家と同じように、注目度の低いマイナーな株は売却したくなるらしい。

すでに必要のないものをなかなか捨てられないのも、「後悔への恐怖」のせいだ。履きつぶしたテニスシューズがもう一度だけ必要になったときに（そんな事態はとても起こりそうにないが）、不快感を覚えるのが怖いのだ。

人生の選択は「最後のチャンス」と分けて考える

しかし「後悔への恐怖」が本当に愚かな行動を引き起こすのは、それが「最後のチャンス」という言葉と結びついたときだ。

あるサファリパークのパンフレットには、「絶滅の危機にあるサイを見る最後のチャンス」と書かれている。これまでとりたててサイを見たいと思ったことはないというのに、この宣伝文句を見て突然サイを見たくなるというのは、どう考えてもおかしな話だ。

あなたは、もうずいぶん前からマイホームの建設を夢見ていたとしよう。売りに出ている土地はどんどん少なくなっている。海の見える区画はもうほんのわずかしか残っていない。あと三か所、あと二か所、あと一か所。「これが最後のチャンスだ！」そんな考えがあなたの頭のなかを駆けめぐる。

そしてあなたは、残った区画を法外な価格で購入する。「後悔への恐怖」のせいで、海の見える土地は何度でも売りに出されるという事実は、あなたの頭から抜け落ちてしまったのだ。今日がたまたま、すばらしい物件が売買される最後の日などということはありえないはずなのに。

結論。**「最後のチャンス」と聞くと、私たちは分別をなくす。**

このように、「後悔への恐怖」は人生をすっかり変えてしまうこともある。ときには、悲劇的な方向へ。私はたとえば、四〇代の初めに出会った誰かとあわてて子どもをつくり、そのために困った状況に陥った女性を何人も知っている。

決断をするときは「思考の罠」にはまっていないか、よくよく考えてみてほしい。どうか、後悔のないように。

51

あなたの船を燃やしたほうがいいわけ

【退路を断つことの効果】

「読みかけの本」がどうしても気になってしまう理由

私のベッドの横には、二〇冊ほどの本が積み上げられている——すべて読みかけだ。どれも手放しがたいが、どれも読み終えられない。ここを少し読んではまた別のところを少し読み、という読み方をしているが、これではどれだけ読書に時間をかけようと知識は身につかない。もちろん自分でも、一冊だけを読んであとは見ないふりをしたほうが実りの多い読書になるとわかっている。それなのに、なぜそうしないのだろう?

私は、同時に三人の女性とつき合っている男性を知っている。

彼はどの女性も愛していて、どの女性とも家庭を持つことを想像できるという。その一方で、彼はひとりの女性に決めるのを躊躇している。誰かひとりを選べば、ほかのふたりとの関係は間違いなく終わるからだ。ひとりの女性に絞らずに、選択を保留したままでいる。誰ともきちんとした関係を築けないという代償と引きかえに。

ふたつ、あるいは三つの学部を同時に専攻しているという大学生に出会うことがある。彼らはそうすることで、将来のキャリアの選択肢を増やしておきたいと考えている。職業の選択を「保留」にしておくことの何がいけないのだろう?

紀元前三世紀、楚《そ》の武将であった項羽は、秦《しん》軍と戦うために軍を率いて黄河を渡った。そして兵士たちが眠っているあいだに、**川を渡るときに使った船をすべて燃やし、その翌日、兵士たちにこう言った。「おまえたちに残された道は、勝つまで戦うか死ぬかの、どちらかしかない」**

項羽は兵士たちの帰路を断って、彼らの意識をたったひとつの重要なこと、戦いに集中させたのだ。

スペインの征服者、コルテスも一六世紀に同じ方法をとっている。メキシコの東海岸に上陸したあと、兵士たちの退路を断つために、コルテスは自分たちの船をすべて沈めてしまった。

だが項羽とコルテスは例外だ。私たち普通の人間は、**「できるだけ多くの選択肢を残し**

ておこう」とする。心理学教授のダン・アリエリーとジウン・シンは、この欲求の強さを次のような実験で明らかにしている。

できるだけ「多くの選択肢」を残しておきたいという心理

ダン・アリエリーとジウン・シンは、コンピュータゲームを使って次のような実験を行った。

ゲーム画面には三つのドアがある。「赤いドア」と「青いドア」と、「緑のドア」だ。プレーヤーたちは「一〇〇ポイント」からゲームをスタートする。ドアを開けるには一ポイント必要だが、どの部屋に入ってもポイントは稼げる。もっとも多くのポイントを入手できる部屋も簡単に突き止めることができる。

プレーヤーたちは当然、もっとも効率のいいプレーの仕方をした。一番ポイントを得られる部屋を見つけ出し、ゲーム時間が終了するまでその部屋にとどまったのだ。

次に、アリエリーとシンはルールを変え、プレーヤーたちが一二回動くうちに一度も開かれなかったドアは「消滅」するようにした。するとプレーヤーたちは、ポイントの宝庫かもしれない部屋へのアクセスを失わないために、ドアからドアへとせわしく動きまわった。

彼らの得点は、前回のようにもっとも実入りのいい部屋にとどまっていたら得られていたはずのポイントより15パーセント少なかった。

そこで今度は、ドアを開けるために必要なポイントを一から三に引き上げた。しかし変化は見られなかった。プレーヤーたちはまたしても、手持ちのポイントを浪費してでもすべての選択肢を維持しようとした。

どの部屋で何ポイント得られるかを教えても、プレーの仕方は変わらなかった。**「選択肢を失いたくない」**という欲求を抑えることができなかったのだ。

どの可能性も排除せずに保留にする人は、成功できない

私たちはどうして、このような馬鹿げた行動をしてしまうのだろう？　なぜなら、**そうすることによって生じる「不利益」が、はっきりとはわからないからだ。**

金融市場では、選択肢がもたらすマイナス面ははっきりしている。有価証券オプションの取引（有価証券を一定期間後にあらかじめ決められた金額で買ったり売ったりする権利を売買する取引）は常に有料だ。

たとえば、ある株の銘柄を半年後に一株五〇ユーロで買う権利を購入したとして、半年

後、その株価が五〇ユーロを上まわっていれば、あなたはその権利を行使して株式市場で買うよりも安く株を入手できる。

だが、逆に株価が五〇ユーロを下まわっていれば、権利を行使せずに株式市場で株を買ったほうが安くなるため、オプション取引に支払ったお金は無駄になる。

選択肢を持つにはコストがかかるし、選択権を持つことで不利益が生じる場合もある。他のすべての分野でも、選択肢を持つのは実は無償ではない。そのコストが目に見えていないだけなのだ。

一つひとつの選択肢を検討するには精神的なエネルギーがいるし、思考をしたり、それぞれの選択肢を試したりしようとすれば、そのために人生の貴重な時間を浪費することになる。

考えられるかぎりの事業拡大方法を吟味しようとするCEOは、結局はどれにも決められない。あらゆる顧客層にアピールしようとする企業は、すぐに誰からも注目されなくなる。そしてすべての見込み客を追いかける営業スタッフは、結局は顧客をひとりも獲得できない。

結論。私たちはできるだけ多くの「選択肢」を持って、どの可能性も排除せずに保留にしておこうとする。だが、それでは成功にはつながらない。**ドアを閉めることを学ぶべき**

なのだ。

企業のビジネス戦略のような「人生の戦略」を持つようにしよう。ビジネス戦略というのは、特定の選択肢を除外するための意志表明にほかならない。

一九世紀の詩人、エミリー・ディキンソンは「私は可能性に住んでいる」という詩を書いた。美しい詩だが、可能性のなかに住んでも利益は得られない。詩人は優れた戦略家ではなかったらしい。

52 学問だけで得た知識では不十分なわけ

【知識のもうひとつの側面】

粘り強く取り組んだ人たちが世紀の発明を生んだ

数え切れないほどの医学書を読んだが、まだ一度も手術をしたことのない医師の手術を受けたいと思うだろうか？　それとも、医学書は一冊も読んでいないが、数え切れないほどの手術をこなしてきた医師に手術を担当してほしいと思うだろうか？

あなたの部屋にあるもののなかで、本で得た知識からつくり出されたものはどれくらいあって、試行錯誤を重ねてつくり出されたものはどれくらいあるだろう？

大規模な製薬会社のCEOが、ディナーの席で私にこんな話をしてくれた。

「どうしてなのか、言葉ではうまくあらわせないのだが、社内を歩くと、どの部署がうまくいっていてどの部署に問題があるか、すぐにわかるんだ。人を採用しようとするときも、誰が戦力になって誰が期待にこたえられないかは数秒もあれば判断できる。納入業者と交渉するときも、こちらをだまそうとしている業者は直観的に見分けがつく。会社を買収しようとするときも、数千ページもある投資銀行のレポートを読むより、その会社のなかを歩きまわるほうがずっと多くのことがわかるんだ」

「その方法はどこで身につけたんだ？　ハーバードで？」

彼は首を横に振った。「有能な上司たちの仕事ぶりを見て覚えたんだよ。それにもちろん、これまでにはいろんな失敗をしてきたから、そこからも学んだしね」

知識には、ふたつの種類がある。「言葉にできるもの」と「できないもの」だ。私たちには、**「言葉にできるほうの知識」を極端に過大評価する傾向**がある。

四年もの開発期間をへて、ライト兄弟は、一九〇三年の一二月一七日にエンジンを搭載した初の飛行機を完成させた。

空を飛びたいという自分たちと人類の夢をかなえたわけだが、製作期間中、彼らは学術レポートを一切参考にしていない。飛行関連の学術分野はまだ確立されていなかったからだ。航空機製造に関する理論が展開されるようになったのは、それから三〇年もあとのことである。

一九五〇年代にアメリカ人のマルコム・マクリーンは、海上輸送に「コンテナ」を利用するというアイデアを思いついた。積荷一つひとつを船からトラックに積みかえるかわりに、コンテナに荷物を入れて、コンテナそのものを船からトラックに積みかえられるようにしたのだ。

今日《こんにち》私たちが世界各地の製品を消費できているのは、マクリーンのアイデアのおかげで海上貨物の輸送費が抑えられるようになったからだ。けれどもマクリーンは、海運会社を設立する前にコンテナ輸送船に関する本を読んだわけではない。そんな本は存在しなかったからだ。

自動織機や蒸気機関や自動車や電球を発明したのは誰だっただろう？　理論家でも公的な研究機関でもない。粘り強くその開発に取り組んだ人たちだ。

泳ぎ方の本を読んでも、泳げるようにはならない

私たちは知識人や学者や理論家や文筆家や作家やコラムニストを過大評価し、実務家やものづくりにたずさわる人を過小評価してしまいがちだ。

だが本を読んだり思索をめぐらせたりしても、アイデアを思いついたり、新しい製品を完成させたり、なんらかの能力を身につけたりできることはまずない。それができるのは、主に実際に試したり実地で見て覚えたりしたときだ。

私たちは、泳ぎに関する本を参考にしながら泳ぎ方を身につけたわけではない。経済が機能しているのも経済学者のおかげではない。政治学の教授が民主主義を支えているわけではない。

私が共感を抱くのは、生化学者のテレンス・キーリーの見解だ。大学が社会の繁栄を生み出しているのでなく、社会が繁栄しているからこそゆとりが生まれ、大学が存続できるのだ。その意味で、大学はオペラハウスのようなものなのである。人々にオペラを楽しむゆとりがなければ、オペラハウスは存続できない。

だが、「言葉にできる知識」の問題点はいったいどこにあるのだろう？

ひとつ目は、「言葉にできる知識には、曖昧なところがない」という点だ。ところが、本に書かれているような明快さは、現実の世界には存在しない。そのため、書かれた知識をもとに決断を下すと過度なリスクを背負い込むことになる。書かれていることが常に正しいとは限らないからだ。

その典型的な例が、学術的なモデルにもとづいた投資の決断で、金融危機を引き起こす原因のひとつにもなっている。

ふたつ目は、「本を書く人の頭の配線は、本を書かない人とは違っている」という点だ（かくいう私もそのひとりである）。だから本に書かれていることが、この世界を正確に写しとっているとは思わないほうがいい。

作家ではない人が考える物語は、作家が考える物語とはまったく違うのだろうか？　その可能性は十分ある。だが、作家ではない人は物語を書き留めないので、私たちがその違いを知る機会は訪れそうにない。

三つ目は、「言葉は能力をカバーできる」という点だ。表現に長けた人は能力以上の地位を獲得できる。Ｅメールやプレゼンテーションで自分をうまく表現できない人は、昇進のチャンスも少ない。言葉で表現するのが苦手なだけで、その人は、実は大きな才能に恵まれているかもしれないのに。

結論。重要な知識は実践を通して得られるもの。書かれた文字に畏敬の念を抱くのはやめたほうがいい。

さあ、読書はこれくらいにして、あなたも本当に自分のためになる何かを始めよう。

謝辞

最初に、原稿を詳細にチェックし、文章にすばらしく磨きをかけてくれたコニ・ゲビストーフに感謝を贈りたい。

有意義な人生の目標とは何かについて、知的な議論を楽しませてくれたハンス＝ユルク（ショショ）・ルーフェナーにも感謝している。

アイデアのテニス相手としては、ナシーム・ニコラス・タレブ以上に理想的なプレーヤーを（大西洋を越えてのやり取りではあるが）私は知らない。合理的な思考やふるまいについて私たちがかわした日々の会話は、これまでの人生で経験した最高の知的刺激のひとつだ。

現在の学術研究の状況についていろいろな話を聞かせてくれた、WORLD.MINDSの経済学者の方々にも謝意を表したい。

それから、ハンザー出版社のマルティン・ヤニック氏の感嘆すべき仕事ぶりと、ミヒャエル・クルーガー、フェリキタス・ファイルハウアー、ヘルマン・リーデル、ガブリエーレ・ヨージガー、マルティーナ・アレント、アンナ・マークグラフの各氏をはじめとする、このすばらしい出版社のすべての方にも、この場をお借りしてお礼を申し上げたい。皆さんのお力添えなくしては、前著と本書の成功はありえなかった。

本書の米国版・英国版が刊行できたのは、有能なエージェントのジョン・ブロックマン氏のおかげである。

また、毎週の締め切りに合わせて自分の考えをまとめるプロセスがなければ、思考とふるまいの誤りを本の形にすることはできなかっただろう。『フランクフルター・アルゲマイネ・ツァイトゥング』紙にコラムを掲載できたのはフランク・シルマッハー氏のおかげであり、『ディー・ツァイト』紙でコラムを発表できたのはジョバンニ・ディ・ロレンツォ氏とモーリッツ・ミュラー＝ヴィルト氏の、そして私のコラムに『シュヴァイツァー・ゾンタークス・ツァイトゥング』紙というスイスでの港ができたのは、マルティン・シュピーラー氏のおかげである。

『シュヴァイツァー・ゾンタークス・ツァイトゥング』紙のゼバスティアン・ラムシュペック氏、バルツ・シュポーリ氏、ガビ・シュヴェグラー氏、『フランクフルター・アルゲマイネ・ツァイトゥング』紙のフーベルト・シュピーゲル氏、『ディー・ツァイト』紙のモーリッツ・ミュラー＝ヴィルト氏――編集者の皆さんは鋭い目で、コラムが掲載される前にミスや不明瞭さを取りのぞいてくれた。心よりお礼を申しあげたい。

数々の編集段階を経てここに記載されている内容は、すべて私ひとりが責任を負うものである。

それから私の妻、ザビーネ・リートにも大きな感謝を贈りたい。彼女は日々、明晰な思考と賢明なふるまい以外の「よい人生」の必要要素――アリストテレスがいうところの「よい人生」のことである――を私に示してくれている。

ロルフ・ドベリ

訳者あとがき

あなたにも覚えがないだろうか？　普段、食料品や日用品を買うときには少しでも安い店を探そうとするのに、臨時収入があったときには貯金をせずに散財してしまったり、やらなければならないことがあってもなかなか手をつけられずにギリギリになってあせったり、この商品をお得に買える最後のチャンスですよという言葉につられて必要もないものを買ってしまったり、仕事の計画を立てても、なかなかそのとおりに作業が進まなかったり。人間はいつも理にかなった行動をとるとは限らない。間違った思考や思い込みによって判断を誤ったり、失敗したりすることもある。先に挙げた不合理な行動もそうした「思考の誤り」にもとづくもので、ほぼ誰にでも思い当たる経験があるのはそのためだ。認知心理学や行動経済学の研究ですでに確認されている心理傾向で、きちんとした名前までついている。本書では、私たちが陥りがちなそうした思考や行動の誤りが五二種類、紹介されている。

本書『Think Smart　間違った思い込みを避けて、賢く生き抜くための思考法』（原題 Die Kunst des klugen Handelns: 52 Irrwege, die Sie besser anderen überlassen）は、ドイツの『ディー・ツァイト』紙、『フランクフルター・アルゲマイネ・ツァイトゥング』紙、スイスの『シュヴァイツァー・ゾンタークス・ツァイトゥング』紙に連載されていたコラムを一冊の書籍にまとめたものだ。著者であるロルフ・ドベリ氏は、スイス航空の子会社数社で最高財務責任者やＣＥＯを務めたあと、ビジネス書の要約を提供するオンラインライブラリー「getAbstract」を設立した企業家であり、三〇代半ばで執筆活動をはじめた著述家でもある（ただし執筆活動に力を入れるため、現在は「getAbstract」の経営から退いている）。著者の作品が日本で刊行されるのは、『なぜ、間違えたのか？　誰もがハマる52の思考の落とし穴』（二〇一三年）、『Think clearly　最新の学術研究から導いた、よりよい人生を送るための思考法』（二〇一九年、ともにサンマーク出版）につづいてこれで三作目だ。ドイツではすでにベストセラー作家の地位を確立しているドベリ氏だが、日本でも『Think clearly』は発売と同時に反響を呼び、幅広い世代の読者を獲得。二〇一九年一二月現在、累計一七万部を売り上げている。

本書は、ドイツでは『なぜ、間違えたのか？』の原書が刊行された翌年に、その続編のような形で出版されている。テーマはどちらも人間の「思考の誤り」だ。どちらの書籍にも、新聞に連載されていたコラムが同じ数だけおさめられている。二〇一一年の刊行後、三年近くも売れつづけてロングセラーとなった前作同様、本書もドイツで刊行されるとたちまちベストセラーとなり、ドベリ氏は二〇一二年秋からほぼ二年にわたって二作同時に著作をベストセラーリストにランクインさせるという快挙を成し遂げた。

本書に対してドイツの読者からは、「楽しくわかりやすい明快な文章でするすると読める。挙げられている例も独創的。ためになるのに教訓じみていない」「この本を読むと、知らないうちに、日々いかに多くの思考の罠に陥っているかに気づかされる。おすすめの一冊」「自分の思考や行動を見つめ直すきっかけを与えてくれる。読んで助言にしたがえば、思考や行動の誤りを大幅に減らせるだろう」といった声が寄せられており、有益でしかも楽しめる本として高い評価を受けている。ドイツ以外でも、「思考の誤り」をテーマにした著者の二作品は四〇か国語以上に翻訳されていて、世界的な発行部数は二五〇万部以上に達している。

書店に行くと、成功や幸せをつかむには何をすべきかを説く人生の指南書がずらりと並んでいる。だが人生を向上させるには、新しい思考や行動をプラスするよりも、失敗を避け、よい結果を出せるようになるための土台づくりをするほうが効果的だと著者はインタビューで述べている。人間が犯しがちな間違いを把握して予防策をとれば、よい結果はおのずとついてくるからだ。

たとえば私の場合でいえば、本書を読んだことで、有効な「先延ばし」対策がとれるようになった。人間が面倒なことを後回しにしがちだというのは当然認識していたのだが、これまでは、うまく集中できなさそうなときに脱線のもとを排除する程度のことしかしていなかった。「先延ばし」は一種の怠け癖のようなもので、自分の意志で克服できるような気がしていたからだ。だがこの現象の原因は怠け癖とは別のところにあるとわかって、仕事をするときは時間を数十分単位で区切り、定期的に休憩をはさむことにした。仕事がうまくはかどらないとき、以前は気がつくとボーッと考えごとをしていたり、ネットで調べものをしているつもりがいつの間にか脱線したりしていたのだが、この方法をとるようになってから横道に逸れる回数はずっと少なくなった。感覚的に理解している過ちの傾向に論理の裏づけができたおかげで、対処すべき問題点が明確になったのだ。

著者が「思考の罠」についてのコラムを連載することになったのは、過ちを犯さないために、自分用にリストをまとめあげたのがきっかけだったそうだ。進化の過程で長い年月をかけて構築された私たちの思考パターンや行動パターンを正せるようになるには時間がかかるし、残念ながら正せる範囲にも限度がある。それでも、「思考の誤り」について学べば、失敗の数をいまよりも確実に減らすことはできる。著者は大事な決断をする前には、必ずそのリストで思考の罠に陥っていないかどうかをチェックするようにしているという。

気がつくといつも同じような失敗を繰り返しているという人は、ぜひ本書を読んでみてほしい。「思考の誤り」のメカニズムは、さまざまな場面における注意点を教えてくれる。仕事や投資に関する決断ミスやプライベートでの失敗を避けるためにドベリ氏が個人的に作成した「リスト」は、私たちの日常においてもきっと役に立つはずである。ちなみに、陥りやすい思考の誤りにも性別による違いがあるらしい。自信過剰になったり、自分の知識や能力を過大評価したりするのは圧倒的に男性に多く、女性は判断や行動をするときにまわりに同調してしまいがちなのだそうだ。

アリストテレスは「賢人が目指すべきは、幸福を手に入れることではなく、不幸を避けることだ」と言ったそうだが、間違いの数を減らせるよう徐々に訓練していけば、ひょっとしたら私たちも、少しずつ賢人に近づくことができるかもしれない。

最後に、本書の翻訳に際して大変お世話になった編集担当の桑島暁子さん、そして翻訳会社リベルの皆様に、この場を借りて心よりお礼を申し上げたい。どうもありがとうございました。

二〇一九年一二月

安原実津

参考文献

本書で取り上げた思考の誤りと行動の誤りの大多数には、数多くの調査研究の裏づけがある。ここでは、そのなかでも特に重要なものに絞り込んで、出典や参考文献、推薦書や関連するコメントを記載した。

本書にまとめた知識はすべて、過去三〇年間に行われた認知心理学と社会心理学の研究にもとづいている。

1 先延ばし

・Zweig, Jason: Your Money and Your Brain, Simon and Schuster 2007: 253, 262.（『あなたのお金と投資脳の秘密――神経経済学入門』ジェイソン・ツヴァイク著、日本経済新聞出版社、２０１１年）

・Baumeister, Roy; Vohs, Kathleen: Handbook of Self-Regulation, The Guilford Press 2004.

・Ariely, Dan; Wertenbroch, Klaus: »Procrastination, Deadlines, and Performance: Self-Control by Precommitment«. Psychological Science 13 (3) 2002: 219–224.

2 カチッサー効果

・Sedivy, Julie; Carlson, Greg: Sold on Language. How Advertisers Talk to You and What This Says About You, Wiley 2011: 88-89.

・Goldman, Barry: The Science of Settlement: Ideas for Negotiators, ALI-ABA 2008: 50.

・Goldstein, Noah; Martin, Steve; Cialdini, Robert: Yes! – 50 Scientifically Proven Ways to Be Persuasive, Free Press 2008: 151.

3　決断疲れ

・Baumeister, Roy, Tierney, John: Willpower, Penguin Press 2010.（『ＷＩＬＬＰＯＷＥＲ　意志力の科学』ロイ・バウマイスター、ジョン・ティアニー著、インターシフト、２０１３年）

・判事の決断について：Danzigera, Shai et al.: »Extraneous factors in judicial decisions«, Proceedings of the National Academy of Science, 25.02.2011.

・Baumeister, Roy: »Ego Depletion and Self-Control Failure: An Energy Model of the Self's Executive Function«. Self and Identity 1, 2002: 129–136.

・Loewenstein, George; Read, Daniel; Baumeister, Roy: Time and Decision: Economic and Psychological Perspectives on Intertemporal Choice, Russell Sage Foundation 2003: 208.

・スーパーマーケットのなかを歩きまわると、消費者は決断疲れの状態になる。店側はそれを利用して、決断マラソンの最終地点であるレジのすぐ隣には、ついで買いの対象になりやすい商品（ガムやお菓子など）を陳列する。このことに関しては次を参照。Tierney, John: »Do You Suffer From Decision Fatigue?«, New York Times Magazine, 21.08.2011.

4　注意の錯覚

・Chabris, Christopher; Simons, Daniel: The Invisible Gorilla – and other ways our intuition deceives us, Crown Archetype 2010: »Introduction« and P. 1–42.（『錯覚の科学』クリストファー・チャブリス、ダニエル・シモンズ著、文藝春秋、２０１４年）

・飲酒運転の状態については次を参照のこと。Redelmeier, D. A.; Tibishirani, R. J.: »Association Between Cellular-

Telephone Calls and Motor Vehicle Collisions«, New England Journal of Medicine, 336 (1997).
・飲酒運転と通話しながらの運転については次を参照のこと。Strayer, D. L.; Drews, F. A.; Crouch, D. J.: »Comparing the Cell-Phone Driver and the Drunk Driver«, Human Factors 48 (2006): 381-391.
・運転中、電話で話をするかわりに、同乗者と話をする場合はどうだろう？　その場合は、ネガティブな影響は認められないことが研究で明らかになっている。その理由は三つある。
　まずひとつ目は、携帯電話で話すよりもずっと話を聞きとりやすいからだ。そのため脳は、それほど大きな労力を費やさなくてもシグナルを解読することができる。ふたつ目は、運転に集中しなければならず、話を中断せざるをえないときには、同乗者にもそれとわかるからだ。あなたは何があろうと会話をつづけなくてはならないというプレッシャーを感じずにすむ。そして三つ目は、あなただけでなく同乗者もまわりを見ることができるからだ。危険があれば、同乗者はあなたにそれを指摘できる。

5　ＮＩＨ症候群

・Katz, Ralph; Allen, Thomas J.: »Investigating the Not Invented Here (NIH) Syndrome: a look at the performance, tenure and communication patterns of 50 R&D project groups«. R&D Management 12, 1982: 7-19.
・２００１年にアメリカのソフトウェアエンジニア、ジョエル・スポルスキーは、「ＮＩＨ症候群」を悪習とすることに異をとなえる興味深いブログの記事を書いている。インターネットで »In Defense of Not-Invented-Here-Syndrome« と検索すればその記事を読むことはできるが、彼の主張は次のとおりである：世界でもトップクラスのチームは、ほかのチームやほかの企業が開発した製品に依存してはならない。製品の核となる部分は、一からすべて自分たちの手で作成すべきだ。そうすれば他者への依存度を減らせるだけでなく、製品を最高の品質に保つこともできる。

6　努力の正当化

・Aronson, E.; Mills, J.: »The effect of severity of initiation on liking for a group«. Journal of Abnormal and Social Psychology 59, 1959: 177–181.

・Norton, Michael I.: »The IKEA Effect: When Labor Leads to Love«. Harvard Business Review 87 (2), 2009: 30.

・Norton, Michael I.; Mochon, Daniel; Ariely, Dan: »The IKEA effect: When labor leads to love«. Journal of Consumer Psychology 21 (4), 09.09.2011.

7　初頭効果と親近効果

・初頭効果は１９４０年代に心理学者のソロモン・アッシュによって提唱された。アランとベンの例は次の論文から引用したものである。Asch, Solomon E.: »Forming impressions of personality«. Journal of Abnormal and Social Psychology 41, 1946: 258–290.

・Kahneman, Daniel: Thinking, Fast and Slow, Macmillan 2011: 82–83.（『ファスト&スロー　あなたの意思はどのように決まるか?』ダニエル・カーネマン著、早川書房、２０１４年）

・映画の前の広告枠は、映画がはじまる直前が一番高価だが、それはまた別の理由によるものである。観客が全員映画館にそろっていて、より多くの人に見てもらえるからだ。

・Glenberg, A. M. et al.: »A two-process account of long-term serial position effects«. Journal of Experimental Psychology: Human Learning and Memory 6, 1980: 355–369.

・Howard, M. W.; Kahana, M.: »Contextual variability and serial position effects in free recall«. Journal of Experimental Psychology: Learning, Memory and Cognition, 24 (4), 1999: 923–941.

8　モチベーションのクラウディング・アウト

・Frey, Bruno S.: »Die Grenzen ökonomischer Anreize«. Neue Zürcher Zeitung, 18.05.2001.

・このテーマについては次の論文に詳しい。Frey, Bruno S.; Jegen, Reto: »Motivation Crowding Theory: A Survey of Empirical Evidence«. Journal of Economic Surveys 15 (5), 2001: 589–611.

・Levitt, Steven D.; Dubner, Stephen J.: Freakonomics, HarperCollins 2009: Chapter 1.（『ヤバい経済学――悪ガキ教授が世の裏側を探検する』スティーヴン・D・レヴィット、スティーヴン・J・ダブナー著、東洋経済新報社、２００６年）

・Brafman, Ori; Brafman, Rom: Sway, The Irresistible Pull of Irrational Behavior, Crown Business 2008: Chapter 7.（『あなたはなぜ値札にダマされるのか？　――不合理な意思決定にひそむスウェイの法則』オリ・ブラフマン、ロム・ブラフマン著、NHK出版、２００８年）

・Eisenberger, R. et al.: »Does pay for performance increase or decrease perceived self-determination and intrinsic motivation?«. Journal of Personality and Social Psychology 77 (5), 1999: 1026–1040.

・保育園について：困ったことに、罰金制度が廃止されても、一度金銭を介したつながりに変化してしまった親と保育園との関係はもとにもどらなかったそうだ。罰金制度で本来のモチベーションは完全に消滅してしまったのだ。

・モチベーションのクラウディング・アウトの例は数多くあり、論文も豊富にある。以下は Fehr, E. and Falk, A. Psychological Foundations of Incentives, Center for Economic Studies & Ifo Institute for Economic Reserch,2002 からの例である：毎年あらかじめ決められた期日に、学生たちは家々をまわって、がんの研究団体や、障害を持った子供たちの支援団体などへの募金集めをする。こうした活動をする学生たちは、通常、両親や教師やその他の人々から評価されるし、彼らが自発的に募金集めをする目的も、まさにそこにある。学生たちに、集めたお金の１パーセントを支払う申し出がされると、彼らが集めた募金額は36パーセント減少した。

9　ブラック・スワン

・Taleb, Nassim: The Black Swan, Random House 2007.（『ブラック・スワン――不確実性とリスクの本質』ナシーム・タレブ著、ダイヤモンド社、２００９年）

10　デフォルト効果

・Johnson, Eric; Goldstein, Daniel: »Do Defaults Save Lives?«. Science 302 (5649), 21.11.2003: 1338–1339.
・Sunstein, Cass; Thaler, Richard: Nudge: Improving Decisions about Health, Wealth, and Happiness, Yale UP 2008.（『実践　行動経済学』リチャード・セイラー、キャス・サンスティーン著、日経ＢＰ社、２００９年）
・Kahneman, Daniel: Thinking, Fast and Slow, Macmillan 2011: 304–305.（『ファスト&スロー　あなたの意思はどのように決まるか？』ダニエル・カーネマン著、早川書房、２０１４年）

11　偽の合意効果

・Gilovich, Thomas; Griffin, Dale; Kahneman, Daniel: Heuristics and Biases: The Psychology of Intuitive Judgment, Cambridge UP 2002: 642.
・看板を使った実験の出典：Ross, L.; Greene, D.; House, P.: »The False Consensus Effect: An egocentric bias in social perception and attribution processes«. Journal of Personality and Social Psychology, 13, 1977: 279–301.
・偽の合意効果はほかの思考の誤りと重なりあう部分もある。たとえば利用可能性ヒューリスティック（頭から取り出しやすい記憶情報を優先して意思決定してしまうこと）は、こんなふうにして偽の合意効果につながることもある。ある問題をじっくりと考えつくした人は、その問題の結論をすぐに引き出す（＝頭から取り出す）ことができるため、ほかの人々も自分と同じように簡単に結論にたどり着けると勘違いしてしまいがちだ。
・インセンティブバイアスには、偽の合意効果を強める作用がある。何かを主張するときは、多く（あるいは大多数）の人が意見を同じくしていて、自分の主張を無視する人はいないはずだと自分に言い聞かせ、自分のインセンティブ（＝やる気、動機）にバイアスをかけたほうが、堂々と意見を述べられる。

・偽の合意効果は、哲学の分野では「素朴実在論」と呼ばれている。人は、自分の見解はじっくりと思考を重ねたすえにたどり着いたものであり、自分と見解を異にする人々も、心を開いて十分に熟考すれば、自分と同じように真実を認識することができるはずだと思い込む。

・Bauman, Kathleen P.; Geher, Glenn: »We think you agree: The detrimental impact of the false consensus effect on behavior«. Current Psychology 21 (4), 2002: 293–318.

12 社会的比較バイアス

・Garcia, Stephen M.; Song, Hyunjin; Tesser, Abraham: »Tainted recommendations: The social comparison bias«. Organizational Behavior and Human Decision Processes 113 (2), 2010: 97–101.

・「Bクラスの人はCクラスの人を採用し……」に関しては、次のすばらしいユーチューブの動画も参照のこと。Guy Kawasaki: The Art of the Start.

・すでに子どものころから、クラスのなかで、自分の得意分野に関して自分よりも能力の劣る相手を友人に選ぶ傾向が見られる。

・著述家のなかには、互いを高く評価し合っている人もいる。たとえばニーアル・ファーガソンとイアン・モリスは、常に〝最高の歴史学者〟という肩書を互いにゆずり合っている（ともに著述家でもあり、歴史学者でもある）。実に賢明な行為だ。なかなかできることではない。

13 内集団・外集団バイアス

・「自然界での生存には競争がつきものであり、競争に有利なのは当然、個人よりも集団である。通常、個人では集団にはたちうちできない。そのためどこかで集団が形成されると、全員が集団に属さなくてはならなくなる。自己防衛のためにそうせざるをえないのだ」Baumeister, Roy: The Cultural Animal, Oxford UP 2005: 377.
・架空の親戚関係による結びつきは「擬制親族」とも呼ばれている。次を参照のこと。Sapolsky, Robert: »A Bozo of Baboon«. Talk auf Edge.org.
・Tajfel, Henri: »Experiments in intergroup discrimination«. Scientific American 223, 1970: 96–102.

14 計画錯誤

・Buehler, Roger; Griffin, Dale; Ross, Michael: »Inside the Planning Fallacy: The Causes and Consequences of Optimistic Time Predictions«. In: Gilovich, Thomas; Griffin, Dale; Kahneman, Daniel: Heuristics and Biases: The Psychology of Intuitive Judgment, Cambridge UP 2002: 250.
・Taleb, Nassim: The Black Swan, Random House 2007: 130.（『ブラック・スワン――不確実性とリスクの本質』ナシーム・タレブ著、ダイヤモンド社、２００９年）
・イギリスの文学者、サミュエル・ジョンソンはこんなことを書いている。「二度目に結婚する人は、〝失敗を経験しても再び希望を持つことはできる〟という事実の体現者である」。計画をたてるときには、私たちはみな、何度も結婚する人たちと同じようにふるまっている。自分が立てた計画が間違いだとわかっても、私たちはまた、楽観的な計画を立ててしまう。
・「ものごとには常に予想以上に時間がかかるものである。ホフスタッターの法則を考慮に入れたとしても」。アメリカの研究者、ダグラス・ホフスタッターが著書で自身の仕事の遅さについてこう言及したことから、計画どおりにものごとが進まないことは「ホフスタッターの法則」とも呼ばれている。Hofstadter, Douglas: Gödel, Escher, Bach: An Eternal Golden Braid, Basic Books 1999: 152.（『ゲーデル，エッシャー，バッハ――あるいは不思議の環』ダグラス・ホフスタッター著、白揚社、２００５年）
・「計画錯誤」は「自信過剰」に似ている。「自信過剰」は、自分の能力が実際より高いと思い込むこと、「計画錯誤」は自分の能力や時間や予算が実際よりもあると予想することで、このふたつには次の共通項がある。私たちは、何かをこなすために必要な時間の見積もりを間違えるときもあるというのは承知していても、それはめったにないことだと思い込んでいるのである。

・「死亡前死因分析」については次の書籍を参照のこと。Kahneman, Daniel: Thinking, Fast and Slow, Macmillan 2011: 264.（『ファスト&スロー　あなたの意思はどのように決まるか?』ダニエル・カーネマン著、早川書房、２０１４年）

・ベント・フライフヨルグは大規模プロジェクト研究の第一人者だ（彼の著書はオックスフォード大学出版局より刊行されている）。フライフヨルグの結論は次のとおりである。「比較しうるプロジェクトの経過を真摯にとらえなかったり、あるいはまったく気にもとめなかったりする傾向が世界に蔓延していることが、ひょっとしたら計画を誤る最大の要因かもしれない」（Kahneman, Daniel: Thinking, Fast and Slow, Macmillan 2011: 251.［『ファスト&スロー　あなたの意思はどのように決まるか?』ダニエル・カーネマン著、早川書房、２０１４年］より引用）

・軍における「計画錯誤」：「敵と接触したあとまで生き残った戦略はひとつもない」

・類似のプロジェクトに関するデータベースにアクセスできなくても「計画錯誤」を防げる有効な方法がある。「ほかの人々にあなたのアイデアを新たな目で見なおしてもらい、そのプロジェクトの予測を立ててもらうといい。そのアイデアを彼らが実行するのにどのくらいかかるかという予測ではなく（おそらく彼らもそのために自分が必要とする時間とコストを低く見積もるだろうから）、あなた（あるいはあなたの請負業者や従業員など）がそれを実行するのにどのくらいかかるかを予測してもらうのだ」（Chabris, Christopher; Simons, Daniel: The Invisible Gorilla- and other ways our intuition deceives us, Crown Archetype 2010: 127.［『錯覚の科学』クリストファー・チャブリス、ダニエル・シモンズ著、文藝春秋、２０１４年］）

15　戦略的ごまかし

・Flyvbjerg, Bent: Megaprojects and Risk: An Anatomy of Ambition, Cambridge UP 2003.

・Jones, L. R.; Euske, K. J.: »Strategic Misrepresentation in Budgeting«. Journal of Public Administration Research and Theory, J-Part, October 1991: 437–460.
・「出会い系サイトでは、男性には、自分の資産状況や性格や興味のあること、どんな関係を求めているかについて偽る傾向があり、女性には、自分の体重について偽る傾向がある」Hall, Jeffrey A. et al.: »Strategic Misrepresentation in Online Dating«. Journal of Social and Personal Relationships 27 (1): 117–135.

16　ゼイガルニク効果

・Baumeister, Roy, Tierney, John : Willpower, Penguin Press 2010: 80–82.（『ＷＩＬＬＰＯＷＥＲ　意志力の科学』ロイ・バウマイスター、ジョン・ティアニー著、インターシフト、２０１３年）
・実際には、レストランに忘れてきたのがマフラーだったのか、何か別のものだったのかは伝わっていない。レストランに戻ったのがブリューマ・ゼイガルニクだったのか、それとも別の誰かだったのかも伝わっていない。これらはこの章を読みやすくするための私の推測である。

17　認知反射

・Frederick, Shane: »Cognitive Reflection and Decision Making«. Journal of Economic Perspectives 19 (4), 2005: 25–42.
・Shenhav, Amitai; Rand, David G.; Greene, Joshua D.: »Divine intuition: Cognitive style influences belief in God«. Journal of Experimental Psychology 19.09.2011.

18　感情ヒューリスティック

・Kahneman, Daniel: Thinking, Fast and Slow, Macmillan 2011: 139–142.（『ファスト＆スロー　あなたの意思はどのように決まるか？』ダニエル・カーネマン著、早川書房、２０１４年）

・Winkielman, P.; Zajonc, R. B.; Schwarz, N.: »Subliminal affective priming attributional interventions«. Cognition and Emotion 11 (4), 1997: 433–465.
・Hirshleifer, David; Shumway, Tyler: »Good Day Sunshine: Stock Returns and the Weather«. Journal of Finance 58 (3), 2003: 1009–1032.

19 内観の錯覚

・Schulz, Kathryn: Being Wrong, Ecco 2010: 104–106.
・Gilovich, Thomas; Epley, Nicholas; Hanko, Karlene: »Shallow Thoughts About the Self: The Automatic Components of Self-Assessment«. In: Alicke, Mark D.; Dunning, David A.; Krueger, Joachim I.: The Self in Social Judgment. Studies in Self and Identity, 2005.
・Nisbett, Richard E.; Wilson, Timothy D.: »Telling more than we can know: Verbal reports on mental processes«. Psychological Review 84, 1977: 231–259. Reprinted in: Hamilton, David Lewis (Hg.): Social cognition: key readings, 2005.

21 瀉血効果

・英語版ウィキペディアの »Bloodletting« の項目も参照のこと。
・Seigworth, Gilbert: »Bloodletting Over the Centuries«. The New York State Journal of Medicine, Dezember 1980: 2022–2028.

22 ウィル・ロジャース現象

・腫瘍の診断におけるステージ・マイグレーションが起きる原因はほかにもある。診断精度の上昇より、ステージ1に含まれる症例が多くなると、医師たちはステージの境界をずらすのだ。それにともない、ステージ1における最も症状の重い患者はステージ2に、ステージ2における最も症状の重い患者はステージ3に、ステージ3における最も症状の重い患者はステージ4に分類されるようになる。そしてこのことによって、平均生存率はどのステージでも長くなる。生きられる期間が実際に延びた患者はひとりもいないというのに。治療法が進歩したように見えるが、実はただ単に診断法が向上しただけなのだ。

・Feinstein, A. R.; Sosin, D. M.; Wells, C. K.: »The Will Rogers phenomenon. Stage migration and new diagnostic techniques as a source of misleading statistics for survival in cancer«. The New England Journal of Medicine 312 (25), 1985: 1604–1608.

・ハンス＝ヘルマン・ドゥベンとハンス＝ペーター・ベック＝ボーンホルトのすばらしい著書にもこの現象の例が紹介されている。Hans-Hermann Dubben and Hans-Peter Beck-Bornholdt: Der Hund, der Eier legt, Rowohlt 2006: 234–235.

23　少数の法則

・この思考の誤りをあらわす最適な例は、次の書籍に紹介されている。本文中のチェーン店の万引き率に関する例も、ほぼカーネマンの例にならって作成したものである。Kahneman, Daniel: Thinking, Fast and Slow, Macmillan 2011, P 109 ff.（『ファスト&スロー　あなたの意思はどのように決まるか?』ダニエル・カーネマン著、早川書房、２０１４年）

24　治療意図の錯誤

・Dubben, Hans-Hermann; Beck-Bornholdt, Hans-Peter: Der Hund, der Eier legt, Rowohlt 2006: 238–239.

25　平均値の問題点

・スイスとドイツにおける資産の中央値については次を参照のこと。Focus Online: http://www.focus.de/finanzen/

banken/tid-7321/vermoegen_aid_131734.html.

26　ハウスマネー効果

・Sunstein, Cass; Thaler, Richard: Nudge: Improving Decisions about Health, Wealth, and Happiness, Yale UP 2008: 54-55.（『実践　行動経済学』リチャード・セイラー、キャス・サンスティーン著、日経ＢＰ社、２００９年）

・Bernstein, Peter L.: Against the Gods, Wiley 1998: 274-275.（『リスク――神々への反逆』ピーター・バーンスタイン著、日本経済新聞社、２００１年）

・Carrie M. Heilman et al.: »Pleasant Surprises«. Journal of Marketing Research, Mai 2002: 242-252.

・Henderson, Pamela W.; Peterson, Robert A.: »Mental Accounting and Categorization«. OBHDP, 1992: 92-117.

・ハウスマネー効果は国家の政策として利用されることもある。ブッシュ大統領が２００１年に行った税制改革の一環として、アメリカの全納税者は６００ドルの税額控除を受けた。その６００ドルを国からの贈りものとみなした人々は、それが自分たちのお金だった場合に使っていたであろう金額の３倍の額を支出した。税額控除が景気の刺激策として機能するのは、ハウスマネー効果のおかげだ。

27　心の理論

・Small, Deborah A.; Loewenstein, George; Slovic, Paul: »Sympathy and callousness: The impact of deliberative thought on donations to identifiable and statistical victims«. Organizational Behavior and Human Decision Processes 102 (2): 143-153.

28　最新性愛症

・Taleb, Nassim: Antifragile（出版前の原稿）.（『反脆弱性――不確実な世界を生き延びる唯一の考え方』ナシーム・タレ

ブ著、ダイヤモンド社、２０１７年）

29　突出効果

・Baumeister, Roy: The Cultural Animal, Oxford UP 2005: 211.

・De Bondt, Werner F. M.; Thaler, Richard H.: »Do Analysts Overreact?« In: Gilovich, Thomas; Griffin, Dale; Kahneman, Daniel: Heuristics and Biases: The Psychology of Intuitive Judgment, Cambridge UP 2002: 678–679.

・Plous, Scott: The Psychology of Judgment and Decision Making, McGraw-Hill 1993: 126.

・突出効果は利用可能性ヒューリスティックと似かよっている。どちらにも、頭から取り出しやすく非常にインパクトのある情報が含まれ、それが私たちのふるまいを左右する。

30　フォアラー効果

・フォアラー効果はバーナム効果とも呼ばれている。アメリカのサーカスの興行主だったフィニアス・バーナムが「誰にでも当てはまる要点というものがある」をモットーにショーの構想を練ったことから名づけられた。

・Dickson, D. H.; Kelly, I. W.: »The ›Barnum Effect‹ in Personality Assessment: A Review of the Literature«. Psychological Reports 57, 1985: 367–382.

・Forer, B. R.: »The fallacy of personal validation: A classroom demonstration of gullibility«. Journal of Abnormal and Social Psychology 44 (1), 1949: 118–123.

・次のウェブサイトにもこの効果についての詳細な説明がある。Skeptic's Dictionary: http://www.skepdic.com/forer.html.

31　クラスター錯覚

・Gilovich, Thomas: How we know what isn't so: The fallibility of human reason in everyday life, Free Press 1991.

・Kahneman, Daniel; Tversky, Amos: »Subjective probability: A judgment of representativeness«. Cognitive Psychology 3, 1972: 430–454.

・次の論文は、多くのスポーツ選手やスポーツコメンテーターが信じていた「ホットハンド」（バスケットボールの試合で何度もシュートを決めた選手はその後もシュートを決めるだろう、というように、成功を連続させた人は、その後もさらに成功する可能性が高いという考え）を否定して物議をかもした。Gilovich, Thomas; Vallone, Robert; Tversky, Amos: »The hot hand in basketball: On the misperception of random sequences«. Cognitive Psychology 17, 1985: 295–314.

・トーストにあらわれた聖母マリアについては次を参照のこと。http://news.bbc.co.uk/2/hi/4034787.stm.

・クラスター錯覚という現象があることは、数百年前から知られていた。18世紀に、スコットランドの哲学者、デイヴィッド・ヒュームは『The Natural History of Religion（『宗教の自然史』法政大学出版局、２０１１年）』でこう述べている。
「私たちは月に顔を見いだし、雲のなかには軍隊を見いだす」

・ほかにも、類似のいろいろな例がある。
　たとえば：〝修道女のパン〟は、生地のねじれ具合がぞっとするほどマザー・テレサの鼻とあごに似かよったシナモンペストリーだ。１９９６年にアメリカ・ナッシュビルのコーヒーハウスで見つかったが、２００５年のクリスマスに盗まれた。〝ガード下の聖母マリア〟は聖母マリアが出現したまた別のケースで、このときはシカゴにある州間高速道路94号線下の塩のしみとしてだった。２００５年に発見されると大勢の人が訪れ、数か月にわたって交通を麻痺させた。そのほかには、ホットチョコレートのキリストや、えびのしっぽのなかに見えたキリストや、歯のレントゲンのなかにあらわれたキリストや、意図的にキリストに似せた形のスナック菓子などもある。

・もののなかに顔を認識する現象は、パレイドリアと呼ばれている。時計や車の正面や月など、さまざまなところに私たちは顔を見いだす。

・脳はいろいろな場所にあるさまざまな物体を加工する。何もかもを無理に顔に加工してしまうわけではないが、顔に見える物体があれば即座に顔として認識する。

・ところで、私には、どうして人々がキリスト（あるいは聖母マリア）の顔を認識できるのかがわからない。実際の顔は誰にもわからないはずだ。キリストが生きていたころに描かれた絵は残っていないのだから。

32　ローゼンタール効果

・本文では、期待を上まわった場合と下まわった場合の数値の非対称さにまでは触れていないが、期待を上まわった株の価格は平均1パーセント上昇するのに対して、期待を下まわった株の価格は平均3・4パーセント下落する。次の書籍を参照のこと。Zweig, Jason: Your Money and Your Brain, Simon and Schuster 2007: 181.（『あなたのお金と投資脳の秘密――神経経済学入門』ジェイソン・ツヴァイク著、日本経済新聞出版社、２０１１年）

・Rosenthal, Robert; Jacobson, Lenore: Pygmalion in the classroom, Irvington Publ. 1992.

・Feldman, Robert S.; Prohaska, Thomas: »The student as Pygmalion: Effect of student expectation on the teacher«. Journal of Educational Psychology 71 (4), 1979: 485–493.

33　伝播バイアス

・伝播バイアスは「伝播ヒューリスティック」と呼ばれることもある。

・「一度接触したら、その事実はずっと消えることがない」と伝播バイアスは次の書籍で簡潔に説明されている。Gilovich, Thomas; Griffin, Dale; Kahneman, Daniel: Heuristics and Biases: The Psychology of Intuitive Judgment, Cambridge UP 2002: 212.

・英語版のウィキペディア»Peace and Truce of God（神の平和・神の休戦）«の項も参照のこと。

・Daileader, Philip: The High Middle Ages, lecture 3, beginning at ~26:30, Course No. 869, The Teaching Company, 2001.

・母親の写真の例について。写真のない的を使った比較対照グループは、母親の写真をつけた的を使ったグループよりもダーツの的中率がずっと高かった。写真には不思議な力がそなわっていて、写真を傷つければ実際のその人をも傷つけてしまうかのように思えるからだ。ジョン・Ｆ・ケネディとアドルフ・ヒトラーの写真を的にはりつけて行われた同様の実験もある。学生たちは全員、できるだけ正確にダーツの矢をはなとうとしたが、的中率はジョン・Ｆ・ケネディの写真をはりつけた的を使ったときのほうがずっと低かった。

・人が亡くなったばかりの家やアパートは引っ越し先として敬遠されるし、会社は成功をおさめている会社（たとえばグーグルなど）が以前に借りていた場所に事務所をかまえたがる。

・呼吸するたびに吸い込む分子の数の計算について：大気中にはおよそ10^{44}個の分子が含まれている。大気の全質量は５・１×10^{18}kg。海面の空気密度は約１・２kg／㎥。１立方メートルの気体に含まれる分子の数をあらわすロシュミット数は約２・７×10^{25}だ。つまり、空気1リットルあたりに含まれる分子の数は２・７×10^{22}ということになる。平均すると、私たちは一分間に約7リットルの空気を吸い（ひと呼吸あたり1リットル）、一年間では３７００立方メートルの空気を吸っている。サダム・フセインが人生で〝消費した〟空気は26万立方メートルである。サダム・フセインはそのなかの約10パーセントを複数回吸い込んだと仮定すると、大気中には、サダムに〝汚染された〟空気が23万立方メートル存在していることになる。結果として、サダムの肺を通過し、大気中に拡散された分子は６・２×10^{30}個、大気中におけるこれらの分子の濃度は６・２×10^{14}、呼吸するごとに吸い込む、サダムに〝汚染された〟分子の数は17億個という計算になる。

・次も参照のこと。C.; Rozin, P.: »The makings of the magical mind: The nature of function of sympathetic magic«. In: Rosengren, K. S.; Johnson, C. N.; Harris, P. L. (Hg.): Imagining the impossible: Magical, scientific, and religious thinking in children, Cambridge UP 2000: 1-34.

34　歴史の改ざん

・グレゴリー・マーカスについては次を参照のこと。Schulz, Kathryn: Being Wrong, Ecco 2010: 185.（『まちがっている――エラーの心理学、誤りのパラドックス』キャスリン・シュルツ著、青土社、２０１２年）

・フラッシュバルブ記憶について：同右、17-73.

・ベルリン大学で刑法学の教授を務めていたフランツ・フォン・リストは、１９０２年に、法廷での有力証人の記憶も、少なくとも4分の1は間違っていることを明らかにしている。同右、223.

36 ねたみ

・ねたみはカトリック教会における七つの大罪のひとつである。創世記でカインは、神が弟のアベルがささげた供物のほうを好んだことをねたみ、アベルを殺害する。聖書における最初の殺人である。
・最も激しいねたみを描いた物語のひとつに「白雪姫」がある。継母が娘の美しさをねたみ、はじめは殺し屋を白雪姫に差しむける。だが殺し屋は命じられた務めを果たさず、白雪姫は森に住む七人の小人のもとに転がり込む。人まかせにすることに懲りた継母は、今度は自分で手をくだすことにし、美しい白雪姫を毒殺しようとする。
・マンガーの言葉「自分より早く裕福になりそうな……」の出典：Munger, Charles T.: Poor Charlie's Almanack, Donning 2008: 431.
・もちろん、悪意のあるねたみだけでなく、悪意のないねたみもある。たとえば、祖父が自分の孫の若さをうらやむのはそのひとつだ。その場合、祖父は悩みのない若いころに戻れたらと感じているだけで、感情のなかに腹立たしさはない。

37 チェリー・ピッキング

・Burch, Druin: Taking the Medicine: A Short History of Medicine's Beautiful Idea, and Our Difficulty Swallowing It, Chatto and Windus 2009.
・宗教におけるチェリー・ピッキング：人は、聖書から自分に都合のいい部分だけを取り出して、それ以外の部分は無視している。聖書の言葉をそのまま受け入れるなら、言うことを聞かない息子や浮気をする妻は石を投げつけて殺害し（申命記、21章、22章）、同性愛者も殺さなくてはならなくなる（レビ記、20章13節）。
・予測におけるチェリー・ピッキング：的中した予測は、それが実現したあとに誇らしげに公表されるが、はずれた予測は取りあげられない。『なぜ、間違えたのか？――誰もがハマる52の思考の落とし穴』（サンマーク出版、２０１３年）の「予測の幻想のワナ」を参照のこと。

38　スリーパー効果

・カール・ホブランドはプロパガンダ映画『Why We Fight（私たちが戦う理由）』に対して調査を行った。この映画はＹｏｕＴｕｂｅで見ることができる。

・次の論説記事も参照のこと。Cook, Gareth: »TV's Sleeper Effect. Misinformation on Television Gains Power over Time«. Boston Globe, 30.10.2011.

・Jensen, J. D. et al.: »Narrative persuasion and the sleeper effect: Further evidence that fictional narratives are more persuasive over time«. Paper presented at the 95th annual meeting of the National Communication Association, Chicago, IL., November 2009.

・Kumkale, G. T.; Albarracín, D.: »The Sleeper Effect in Persuasion: A Meta-Analytic Review«. Psychological Bulletin 130 (1), 2004: 143–172.

・Mazursky, D.; Schul, Y.: »The Effects of Advertisement Encoding on the Failure to Discount Information: Implications for the Sleeper Effect«. Journal of Consumer Research 15 (1), 1988: 24–36.

・Lariscy, R. A. W.; Tinkham, S. F.: »The Sleeper Effect and Negative Political Advertising«. Journal of Advertising 28 (4), 1999: 13–30.

39　職業による視点の偏り

・Munger, Charles T.: Poor Charlie's Almanack, Donning 2008: 452, 483.

40　スキルの錯覚

・ウォーレン・バフェットの言葉。「私自身の経験といろいろな企業を見てきた結果、私はこう考えている。経営者としてのあなたの業績（経済的な利益という観点から）は、あなたの漕ぎ方が効率的かどうかより（もちろん、知性と努力もビジネスの成否を分ける大きな要因ではあるが）、あなたが乗っているボート自体の性能によって決まるところが大きい。何年か前、私はこんなふうに書いた。〝すばらしく有能な経営陣が、根本的な経営問題を抱える企業のたて直しにのぞんだとしても、その企業の状態は何も変わらないだろう。〟私の考えは今でも変わっていない」（Miles, Robert: Warren Buffett Wealth, Wiley 2004: 159.［『バフェット投資の王道――株の長期保有で富を築く』ロバート・マイルズ著、ダイヤモンド社、２００５年］より）

・Kahneman, Daniel: Thinking, Fast and Slow, Macmillan 2011: 204–221.（『ファスト&スロー　あなたの意思はどのように決まるか？』ダニエル・カーネマン著、早川書房、２０１４年）

41　領域依存性

・「領域依存性とは、ある環境（たとえばジムなど）においては特定の行動をとり、また別の環境では別の行動をとることをいう」Taleb, Nassim: The Bed of Procrustes, Random House 2010: 74.（『ブラック・スワンの箴言――合理的思考の罠を嗤う392の言葉』ナシーム・タレブ著、ダイヤモンド社、２０１１年）

・「少し前にパリに行ったとき、私はとてもわかりやすい領域依存性の例を目にした。フレンチレストランで昼食をとったとき、私の友人たちはサーモンの身を食べ、皮は残した。同じ友人たちと夕食にすしを食べにいくと、彼らは今度はサーモンの皮を食べ、身を残した」同右、76.

・ナシーム・タレブは『反脆弱性』でも領域依存性のすばらしい例を挙げている。「私は領域依存性の明白な実例を見たことがある。私が〝まがいものの街〟ドバイのホテルから外に出ようとしていたとき、銀行家と思われる男（考えずとも、私は銀行家はすぐに見分けられる。体がアレルギー反応を起こすからだ）がポーターに荷物を運ばせていた。その約15分後、私はその銀行家が、エクササイズがわりになる日常の動作を再現しようとでもしているかのように、スーツケースを揺らすような動きでジムでダンベルを持ち上げているのを見た」

・警官が家族に暴力をふるうケースは、警官以外の者が家族に暴力をふるうケースの2倍から4倍ある。次を参照のこと。Neidig, P. H.; Russell, H. E.; Seng, A. F.: »Interspousal aggression in law enforcement families: A preliminary investigation«. Police Studies 15 (1) 1992: 30–38.

・Lott, L. D.: »Deadly secrets: Violence in the police family«. FBI Law Enforcement Bulletin, November 1995: 12–16.

・マーコビッツの例の出典：Zweig, Jason: Your Money and Your Brain, Simon and Schuster 2007: 4.（『あなたのお金と投資脳の秘密――神経経済学入門』ジェイソン・ツヴァイク著、日本経済新聞出版社、２０１１年）

42　ボランティアの浅はかな考え

・本書の内容をコラムとして新聞に連載していた当時、この章の記述に対しては唯一、読者からフィードバックをいただいた。野鳥の巣箱づくりを地元の木工職人ではなく中国の職人に依頼すれば、もっと多くの巣箱ができるのではないかという指摘だった。物流が環境におよぼす害を考慮に入れなければ、この指摘はもちろん正しい。「ボランティアの浅はかな考え」は、デヴィッド・リカードがとなえた比較優位論（各国が他国より優位に立てるものの生産に特化し、それ以外のものは貿易によってまかなえば、それぞれが質のよい製品やサービスを享受できるようになるという経済理論）と同じ発想のもとに成りたっているからだ。

・Knox, Trevor M.: »The volunteer's folly and socio-economic man: some thoughts on altruism, rationality, and community«. Journal of Socio-Economics 28 (4), 1999: 475.

43　曖昧さ回避

・リスクと不確実さを初めて明確に区別したのは、シカゴ大学の教授であったフランク・ナイト（１８８５－１９７２）である。Knight, F. H.: Risk, Uncertainty, and Profit, Houghton Mifflin 1921.
・実際には、エルズバーグのパラドックスはここで記したよりももう少し複雑である。詳細な説明については、該当するウィキペディアのページなどを参照のこと。
・私たちは不確実さを忌み嫌っているが、あやふやなことにもポジティブな面はある。あなたが独裁国家に住んでいて、検閲をすりぬけて作品を発表したい場合は、〝曖昧さ〟を手段として使うといい。

44 情報バイアス

・「愚か者を破産させるには、情報を与えることだ」とナシーム・タレブは著書で述べている。Taleb, Nassim: The Bed of Procrustes, Random House 2010: 4.（『ブラック・スワンの箴言——合理的思考の罠を嗤う３９２の言葉』ナシーム・タレブ著、ダイヤモンド社、２０１１年）

46 起死回生の誤謬

・Markus, Gregory: »Stability and Change in Political Attitudes: Observe, Recall and Explain«. Political Behavior 8 (1986): 21–44.

47 考えすぎの危険

・Lehrer, Jonah: How We Decide, Houghton Mifflin 2009: 133–140.（『一流のプロは「感情脳」で決断する』ジョナ・レーラー著、アスペクト、２００９年）
・熟考すれば賢明になれる——西洋の哲学者は２５００年前から私たちをそう諭してきた。だが必ずしもそうとは限らない。ギリシャ人ももちろんそれを承知していた。イソップ寓話の『猫と狐』を参照してみるといい。
・Masur, Barry C.: The Problem of Thinking Too Much, Stanford-Papers 2004.

・「考えすぎ」はチェスの分野では「コトフ症候群」という名前でよく知られている。いろいろな手を考えすぎて結論を出せずにいるうちに持ち時間が少なくなり、結局初心者のようなミスをしてしまうことをいう。

48　特徴肯定性効果

・禁煙のキャンペーンについて：Zhao, Guangzhi; Pechmann, Connie: »Regulatory Focus, Feature Positive Effect, and Message Framing«. Advances in Consumer Research 33, 2006.

・「特徴肯定性効果」に関する研究の概観については次を参照のこと。Kardes, Frank; Sanbonmatsu, David; Herr, Paul: »Consumer Expertise and the Feature-positive Effect: Implications for Judgment and Inference«. Advances in Consumer Research 17, 1990: 351–354.

49　単一原因の誤謬

・クリス・マシューズの質問に関する出典：Chabris, Christopher; Simons, Daniel: The Invisible Gorilla – and other ways our intuition deceives us, Crown Archetype 2010: 172.（『錯覚の科学』クリストファー・チャブリス、ダニエル・シモンズ著、文藝春秋、２０１４年）。引用部分の強調は出典元の著者によるものである。

・Leo Tolstoi: Krieg und Frieden, Insel Verlag 2001: 796.（『戦争と平和』レフ・トルストイ著、岩波書店、２００６年ほか）

・Tooby, John: »Nexus Causality, Moral Warfare, and Misattribution Arbitrage«. In: Brockman, John: This Will Make You Smarter, Doubleday 2012: 34–35.

50　後悔への恐怖

・Kahneman, Daniel: Thinking, Fast and Slow, Macmillan, 2011: 346–348.（『ファスト&スロー　あなたの意思はどのように決まるか？』ダニエル・カーネマン著、早川書房、２０１４年）

・年末のトレーダーの株の売却については次を参照のこと。Statman, Meir: »Hedging Currencies with Hindsight and Regret«. Journal of Investing Summer, Vol. 14, No. 2, 2005: 15–19.
・こんな後悔への恐怖の例もある：「後悔の恐怖は常にインスピレーションを与えてくれる」グッゲンハイム美術館で開催された特別展に向けての、アーティスト、マウリツィ・オ・カテランの言葉。
・私たちは、アウシュビッツに送られた同年代の少女たちよりもアンネ・フランクに大きな同情を覚える。アンネ・フランクの物語は、次々に連行されたほかの少女たちとは異なる、例外だからだ。

51　退路を断つことの効果

・Ariely, Dan: Predictably Irrational, Harper Collins 2008: Chapter 9, »Keeping Doors Open«.（『予想どおりに不合理――行動経済学が明かす「あなたがそれを選ぶわけ」』ダン・アリエリー著、早川書房、２０１３年）
・Edmundson, Mark: »Dwelling in Possibilities«. The Chronicle of Higher Education, 14.04.2008.

[著者紹介]

ロルフ・ドベリ Rolf Dobelli

作家、実業家。1966年、スイス生まれ。スイス、ザンクトガレン大学で経営学と哲学を学び、博士号を取得。スイス航空会社の複数の子会社で最高財務責任者、最高経営責任者を歴任後、ビジネス書籍の要約を提供する世界最大規模のオンライン・ライブラリー「getAbstract」を設立。35歳から執筆活動をはじめ、ドイツ、スイスなどの主要紙や、ビジネス・経済誌を中心にコラムを多数執筆。著書は40以上の言語で翻訳出版され、著書累計売上部数は250万部を超える。前著『Think clearly　最新の学術研究から導いた、よりよい人生を送るための思考法』（サンマーク出版）は日本でもベストセラー。余暇を利用して書いた小説は、ドイツのディアゲネス出版社より刊行されている。スイス、ベルン在住。

www.dobelli.com

[訳者紹介]

安原実津 やすはら・みつ

ドイツ語、英語翻訳家。主な訳書に、ロルフ・ドベリ著『Think clearly　最新の学術研究から導いた、よりよい人生を送るための思考法』、ジャック・ナシャー著『望み通りの返事を引き出す　ドイツ式交渉術』（早川書房）などがある。

装　　丁　轡田昭彦＋坪井朋子

翻訳協力　リベル

校　　閲　鷗来堂

編　　集　桑島暁子（サンマーク出版）

Think Smart

間違った思い込みを避けて、賢く生き抜くための思考法

2020年 1月25日　初版発行

2020年 2月 5 日　第4刷発行

著　　者　ロルフ・ドベリ

訳　　者　安原実津

発 行 人　植木宣隆

発 行 所　株式会社サンマーク出版

〒169-0075 東京都新宿区高田馬場2-16-11　☎03-5272-3166（代表）

印　　刷　株式会社暁印刷

製　　本　株式会社若林製本工場

ISBN 978-4-7631-3802-6 C0030

サンマーク出版ホームページ　https://www.sunmark.co.jp